自閉スペクトラム症と言語

JN076465

幕内充 編

ひつじ書房

前書き

　自閉スペクトラム症（Autism Spectrum Disorder, ASD）は、社会性とコミュニケーション行動の異常を主要な障害とする発達障害の1つである。1990年代のアメリカでのASDの有病率は1000人に1人であったが、2023年の8歳の子供の調査では36人に1人と急増した（Maenner et al., 2023）。この急増には、産業構造の変化によって対人サービスや、意思疎通が重要な役割を果たす職業が増加し、社会生活を営む上でコミュニケーション・スキルの拙劣が問題になるようになったことも関係していると考えられる。我が国においても平成16年（2004年）に発達障害支援法が成立し、早期診断・自立及び社会参加の支援等に対し、国及び地方公共団体が必要な措置を講じる責務が明らかにされた。「スペクトラム」という語が示唆するのは、ASDの問題は障害者と健常者とがはっきりと二分するのではなく程度と質の差が連続的に個人差として顕れるということである。ASDに関与する遺伝子が200〜1000もあるとの推測（Berg & Geschwind, 2012）は、自閉傾向がスペクトラムとして連続的に分布していることと符合する。「定型発達者」（Typical Development, TD）の自閉傾向の個人差を測定できる自閉スペクトラム指数（Autism-Spectrum Quotient, AQ）という自己回答式の尺度を利用すれば、スペクトラムの中での自分の位置を知ることができる。
　ASDには言語の障害がある。ただし失語症で生じるような統語・意味論における障害とは全く違って、比喩・皮肉・間接依頼表現等の語用論的な言語運用に特徴的な障害が現れる。言語学が構築してきた理論を言語障害の理解に応用しようとする試みにおいて多様な実態を持つ障害と理論の接点を見出すことが最初の難所となる。各種の言語障害を的確に説明できる言語学理論は今のところ存在しない。そのような状況の下、我々は新しい言語学理論「カートグラフィー」でASDの言語障害を捉えることに取り掛かった。カートグラフィーとは1990年代の半ばにイタリアの言語学者 Luizi

Rizzi と Guglielmo Cinque が創始した、徹底的に精密な統語構造を記述しようとする生成文法の研究プログラムである。カートグラフィーでは文の左端や右端に談話に関する情報が表象される階層を措定しており、日本語の文末助詞（よ、ね、さ、ぜ、等）の機能や性質を詳細に分析するための格好の枠組みを提供する。言語コミュニケーションの 1 つである会話では「誰が誰に何をした」という命題情報と、その命題を話し手がどのように評価をして伝えようとしているのかという態度・価値判断の情報が伝えられる。例を挙げると、「また遅刻かよ。」という発話には「また遅刻した」という事態を述べる命題部分と「かよ」という非難の感情を表明する部分より成立している。「かよ」はさらに「か」と「よ」に分解される。命題が「また遅刻した」という事態を描写し、「また遅刻か」で非難感情が加わり、さらに「よ」が付加され「また遅刻かよ」と相手に強い非難感情を突き付けるのである。他にも例を挙げれば「寒いね。」という発言では「寒い」という命題情報に助詞「ね」を付加し、共感を要求している。命題部分の理解は ASD によって阻害されないが、話者の情動的情報を付加する文末表現の産出と理解に障害が顕れるのではないかと我々は予想している。

　上で述べた仮説を詳しく述べるために本書は以下のように構成される。第 1 章では ASD についての基本的知識を和田が整理する。第 2 章では ASD の言語障害についてこれまで報告されてきた研究を幕内が概観する。第 3 章ではカートグラフィー・プログラムの創始者である Luigi Rizzi がカートグラフィー理論とはどう言うものであるかを解説する。第 4 章ではカートグラフィー理論の日本語文末助詞への応用を遠藤が解説する。第 5 章では自閉症スペクトラム指数（AQ）を用いた日本語文末助詞の心理言語学研究を木山が概観する。また 5 章に加えて、ASD の言語をめぐる話題を 5 人の研究者に短いコラムとして執筆してもらった。特に、本書の筆者らが啓発され、各章で引用している「ASD 児における共感獲得表現助詞『ね』の使用の欠如：事例研究」（1997 年）を発表した綿巻徹氏にコラムを御寄稿頂けたのは望外の喜びである。

　最後に本書出版の背景について述べる。本書は科研費「共創的コミュニケーションのための言語進化学（平成 30 年度〜令和 4 年度　新学術領域研

究　代表　岡ノ谷一夫、研究課題番号 17H06380)」の主催によるシンポジウム「発達障害の言語：階層性と意図共有の接点（平成 31 年 1 月 29，30 日於国立障害者リハビリテーションセンター)」と科研費「文末助詞の階層における情動計算不全としての自閉症の言語障害（令和元年〜5 年　基盤研究（A）　代表　幕内 充、研究課題番号 19H00532)」主催の日本言語学会でのワークショップ「発達障害の言語の問題をカートグラフィーで捉える（令和元年 11 月 17 日　於名古屋学院大学)」での発表をもとに一冊の書にまとめたものである。したがって本書は上記 2 件の研究助成の支援を受けた成果であることを感謝とともに記す。後者の研究プロジェクトは開始したばかりであったためワークショップは研究成果を発表するためではなく、その時点での課題の明確化、問題に取り組むための理論的枠組み、研究計画、等の提示を目的とした。本書も同様の狙いを持つものである。現在、プロジェクトが始まって 5 年目に入り、研究成果も得られつつある。令和 4 年 8 月 11、12 日には東北大学にて当事者・言語学者・認知神経科学者を招いて「自閉スペクトラム症（ASD）における言語と共感」と題したシンポジウムを開催し、240 名の聴衆の参加を得た。異分野融合研究としては異例の充実感と、社会からの高い関心を実感した 2 日間であった。

令和 5 年 6 月 7 日
所沢にて
幕内　充

参考文献

Berg, J. M., & Geschwind, D. H. (2012). Autism genetics: searching for specificity and convergence. *Genome biology*, 13(7), 247.

Fitzgerald, R. T., Furnier, S. M., & Hughes, M. M. (2023). Prevalence and characteristics of autism spectrum disorder among children aged 8 years—Autism and Developmental Disabilities Monitoring Network, 11 sites, United States, 2020. *MMWR Surveillance Summaries*, 72(2), 1.

目　次

x

第1章
自閉症とは

和田真

1. はじめに

　少し前まで、自閉症は比較的まれであり、かつ、生涯「治すことはできない」障害と考えられてきた。現在では「自閉スペクトラム症（Autism spectrum disorder, ASD）」と呼ばれることが多いこの障害の中核的障害（特性）は、1）社会性とコミュニケーションの障害と2）感覚刺激への過敏さまたは鈍感さを含む興味の限局と行動の固執性であり、人の輪に溶け込むのが苦手で、一風風変わりな＝学者のような人物像が、ステレオタイプとして広がっているのではないかと思われる。しかし、この30年で、報告される頻度は劇的に上昇し（Weintraub, 2011）、現在の診断基準では、100人に1人以上があてはまるというように、決してまれな障害ではなくなっている。米国の疾病対策予防センター（Centers for Disease Control and Prevention, CDC）の2020年の調査によると8歳児で36名に1人が自閉スペクトラム症の診断に該当するとされる（Maenner et al., 2023）。診断数の激増の背景としては、様々な仮説が論じられてきたものの、診断基準の変化も大きな要因であろうと考えられているのが現状である。さらに、その診断の変化には、社会の不寛容さや現代社会の環境の厳しさもあると考えられ、ASDをめぐる社会参加の難しさに影を落としていると思われる。現代社会は、洪水のようにやってくる環境情報の中から、自分に必要なものを選

び出し、スピーディにそれにあわせた適応的な行動をとる、そして氾濫する SNS の渦の中で、つねに仲間とつながりを維持することが求められがちといえる。より多くの注目を集め、多くのつながりを作り出すために、「場の雰囲気」に合わせた応答をし、「うけのいい」話題提供を続けなければならない場面が多くなっているように感じている。これら現代社会の日常は、ASD の特性を持つ人にとって、とても困難度が高く、それだけで「生きづらく」、疲れ果てさせる要因になりうるのではないだろうか。障害者の社会参加が求められる今日、ASD およびそれに近い特性を持つ人への理解を啓発し、適切な環境調整を行なえるようにするのは、社会に求められる喫緊の課題ではないかと考えている。

　一方、社会性・コミュニケーションの障害を、その当事者に内在する主たる問題として、その「矯正」を目指す訓練を図り、「社会人として‘正しい’行動を行なえるようにすることで、社会適応を促す」、という方法論に疑問符がつけられるようになってきた。たとえば、聴覚障害者とコミュニケーションをとろうとしたとき、普通に話しかけたのでは、深刻なコミュニケーションの問題が発生する。話し言葉が聞こえないからである。同様に視覚障害者に視覚サインを送っても、相手にとって適切な信号ではないので、やはりコミュニケーション障害が発生するのも自明である。このように、コミュニケーションは、受け手に適したシグナルを用いて行う必要がある。たとえば、聴覚障害者には話しかける以外の手段で、例えば、文字を介したやり取りをするなどで、円滑なコミュニケーションが実現するし、視覚障害者には、反対に話しかけるといった手段で円滑なコミュニケーションが可能となる。ところが、ASD 者に対しては、ともすると、この論理で一方的な矯正を求められているのが現状ではないだろうか。我々の研究を含む様々な研究から、自閉スペクトラム症者は、特有の知覚情報処理特性を持っていることが明らかになり、その結果、認知・推論に特有の様式が生じ、定型発達者との間のコミュニケーションの障害が生じるのではないかということが示唆されるようになってきた。じっさい、ASD 者同士ではときに円滑なコミュニケーションが可能で、「autistic sociality（自閉症的社会性）」として、特有のコミュニケーション様式を備えることも明らかになりつつある

(Ochs & Solomon, 2010)。そして社会も様々な情勢を踏まえて日々変化している。たとえば、コロナウィルス流行に対応した「新しい生活様式」が始まる前、会話をする際は真正面に向かい合うのが一般的だった。これに対して、ASD者は、向き合う形の対話よりも、Side by side の配置を好むといわれている。また、「コロナ以前」には「直接会って話した方が、話がはやい」というような風潮があったが、ASD者とのコミュニケーションでは、そもそも直接コミュニケーションをとるよりも、何らかの媒体を介す方が好まれる、とされている。パソコンやスマホなど、なにか媒介してくれるものが間に挟まっている方が円滑ということなのである。コロナウィルス感染症の流行を受けて広まった「新しい生活様式」を踏まえて考えると、今日、部分的には、むしろ autistic sociality の方がスタンダードなコミュニケーションスタイルとなったとさえいえるかもしれない。

　以上のことから、コミュニケーションの障害は、ASD者そのものに内在するのではなく、定型発達者とASD者の間のコミュニケーションギャップとして存在することが強く示唆されている。定型発達者との間のコミュニケーションギャップを埋めるには、その知覚情報処理を補ったり、定型発達者の様式（あるいはその逆）をシミュレートしたりして、提供するのが有用ではないかと考えられる。現在、私たちの研究室では、ASD者の表情の捉え方の特徴を調べる研究を進めている。ASD者と定型発達者で表情の捉え方の違いを補うようなデバイスを用いれば、特定の場面ではコミュニケーションギャップを軽減させることができるのではないかと試行錯誤をしているところである。

　本項では、伝統的なASDに対する仮説をまず紹介しつつ、エビデンスをもとに展開されているASDについての生物学的仮説を紹介し、ASDの様々な問題の基盤にある感覚・運動系の特性について、広く論じていきたいと思う。本書は、ASDにおける言語処理の特徴を紹介するものだが、その背景には、特有の知覚情報処理や推論の特性があり、しかも、その言語処理・論理展開の特徴が、特有のコミュニケーション様式につながっていくのではないかと考えている。本書を通じて、ASD者の感覚・認知特性に関する理解が増進され、当事者者を取り巻く環境の「生きづらさ」が軽減することを願

ってやまない。

2. 発達障害における自閉スペクトラム症の位置づけ

　近年、マスコミをはじめとする様々な団体や行政機関の啓発活動の成果も
あり、発達障害という言葉が、広く知られるようになってきたように思う。
しかし、ときに「発達障害＝ASD」という誤解が生じていたり、ASDと他
の発達障害が混同されて理解されていたりすることも少なくないように思
う。

　発達障害は、いくつかのタイプに分類されており、「自閉症、アスペルガ
ー症候群」（自閉スペクトラム症）、「注意欠如・多動性障害」（注意欠如・多
動症）、「学習障害」が含まれ、さらに、行政用語としては、チック障害、吃
音（症）などが含まれる。これらの障害は、生まれつき、脳機能の一部が
定型発達者と異なる可能性が示唆されている、という点で共通している。ま
た、実際には、一人の当事者の中に、複数のタイプの障害が合併しているこ
とも少なくなく、特性が顕在化する分野が人によって大きく異なったり、結
果として大きく異なる行動特性が生じていたりすることが多々みられる。す
なわち、発達障害の特性は、個々人により大きく異なり、いわば、個性の極
みとして、障害が顕在化している例が散見されるのだ。これも、発達障害の
大きな特徴だといえる。実は、この背景には、多様な遺伝的背景や、エピジ
ェネティクスと呼ばれる環境による遺伝子への影響が深く関係していること
が明らかになりつつあり、そのことが発達障害者の多様性の大きさを生み出
しているのかもしれない。本稿は、発達障害の中でもASDを主に扱うが、
まず、発達障害の中で、それぞれにどのような特徴がみられるのかを紹介し
ていきたいと思う。

2.1　自閉スペクトラム症
・自閉スペクトラム症（**Autism spectrum disorder**、**ASD**）
　中核的障害（特性）は、1）社会性とコミュニケーションの障害と2）感
覚刺激への過敏さまたは鈍感さを含む興味の限局と行動の固執性であり、知

的障害を伴う場合や、幼児期の言語発達の遅れを伴う場合（以前の診断基準の高機能自閉症）や、伴わない場合（以前の診断基準のアスペルガー症候群）が存在する。人の輪に溶け込むのが苦手で、一風変わりな「小さな学者」（こどもの場合）という人物像が遡及している。しかし、障害特性は多様で、ステレオタイプで語れるほど単純なものではないことに注意しなくてはならない。

〈DSM-5 における自閉スペクトラム症の診断基準〉
以下の A、B、C、D を満たしていること。

A：社会的コミュニケーションおよび相互関係における持続的障害（以下の3点で示される）
①社会的・情緒的な相互関係の障害。
②他者との交流に用いられる非言語的コミュニケーションの障害。
③年齢相応の対人関係性の発達や維持の障害。

B：限定された反復する様式の行動、興味、活動（以下の2点以上の特徴で示される）
①常同的で反復的な運動動作や物体の使用、あるいは話し方。
②同一性へのこだわり、日常動作への融通の効かない執着、言語・非言語上の儀式的な行動パターン。
③集中度・焦点づけが異常に強くて限定的であり、固定された興味がある。
④感覚入力に対する敏感性あるいは鈍感性、あるいは感覚に関する環境に対する普通以上の関心。

C：症状は発達早期の段階で必ず出現するが、後になって明らかになるものもある。

D：症状は社会や職業その他の重要な機能に重大な障害を引き起こしてい

る。
引用：日本精神神経学会（日本語版用語監修）：DSM-5　精神疾患の診断・統計マニュアル　医学書院、2014

2.2　注意欠如・多動症（Attention-Deficit Hyperactivity Disorder, ADHD）

「不注意」と「多動・衝動性」を特徴とする発達障害の1つである。学童期で顕著であり、そのために学校生活でさまざまな困難をきたす場合は、環境や行動への介入や、精神刺激薬（メチルフェニデートなど）などの薬物療法が行なわれる場合がある。学童期には、10％程度が該当するとみられているが、成人期になると多くの人で多動性は減弱し、不注意や衝動性が残存することがあるといわれている。その場合に、就労上の問題として、遅刻や仕事上のミスなどが顕著になる場合がある。一方、「多動」を活かして、クリエイティブな活躍ができる場合もあるといわれている。

〈DSM-5におけるADHDの診断基準〉
A.（1）および/または（2）によって特徴づけられる、不注意および/または多動性—衝動性の持続的な様式で、機能または発達の妨げとなっているもの。

（1）不注意：以下の症状のうち6つ（またはそれ以上）が少なくとも6カ月持続したことがあり、その程度は発達の水準に不相応で、社会的および学業的/職業的活動に直接、悪影響を及ぼすほどである。
注：それらの症状は、単なる反抗的行動、挑戦、敵意の表れではなく、課題や指示を理解できないことでもない。青年期後期および成人（17歳以上）では、少なくとも5つ以上の症状が必要である。

（a）学業、仕事、または他の活動中に、しばしば綿密に注意することができない、または不注意な間違いをする（例：細部を見過ごしたり、見逃してしまう、作業が不正確である）

（b）課題または遊びの活動中に、しばしば注意を持続することが困難である（例：講義、会話、または長時間の読書に集中し続けることが難しい）

（c）直接話しかけられたときに、しばしば聞いていないように見える（例：明らかな注意を逸らすものがない状況でさえ、心がどこか他所にあるように見える）

（d）しばしば指示に従えず、学業、用事、または職場での義務をやり遂げることができない（例：課題を始めるがすぐに集中できなくなる、また容易に脱線する）

（e）課題や活動を順序立てることがしばしば困難である（例：一連の課題を遂行することが難しい、資料や持ち物を整理しておくことが難しい、作業が乱雑でまとまりがない、時間の管理が苦手、締め切りを守れない）

（f）精神的努力の持続を要する課題（例：学業や宿題、青年期後期および成人では報告書の作成、書類に漏れなく記入すること、長い文書を見直すこと）に従事することをしばしば避ける、嫌う、またはいやいや行う

（g）課題や活動に必要なもの（例：学校教材、鉛筆、本、道具、財布、鍵、書類、眼鏡、携帯電話）をしばしばなくしてしまう

（h）しばしば外的な刺激（青年期後期および成人では、無関係な考えも含まれる）によってすぐ気が散ってしまう

（i）しばしば日々の活動（例：用事を足すこと、お使いをすること、青年期後期および成人では、電話を折り返しかけること、お金の支払い、会合の約束を守ること）で忘れっぽい

（2）多動性および衝動性：以下の症状のうち6つ（またはそれ以上）が少なくとも6カ月持続したことがあり、その程度は発達の水準に不相応で、社会的および学業的／職業的活動に直接、悪影響を及ぼすほどである。
注：それらの症状は、単なる反抗的行動、挑戦、敵意の表れではなく、課題や指示を理解できないことでもない。青年期後期および成人（17歳以上）

では、少なくとも5つ以上の症状が必要である。

(a) しばしば手足をそわそわと動かしたりトントン叩いたりする。または
いすの上でもじもじする。

(b) 席についていることが求められる場面でしばしば席を離れる（例：教
室、職場、その他の作業場所で、またはそこにとどまることを要求さ
れる他の場面で、自分の場所を離れる）。

(c) 不適切な状況でしばしば走り回ったり高い所へ登ったりする（注：青
年または成人では、落ち着かない感じのみに限られるかもしれない）。

(d) 静かに遊んだり余暇活動につくことがしばしばできない。

(e) しばしば「じっとしていない」、またはまるで「エンジンで動かされ
るように」行動する（例：レストランや会議に長時間とどまることが
できないかまたは不快に感じる；他の人達には、落ち着かないとか、
一緒にいることが困難と感じられるかもしれない）。

(f) しばしばしゃべりすぎる。

(g) しばしば質問を終わる前にだし抜けに答え始めてしまう（例：他の人
達の言葉の続きを言ってしまう；会話で自分の番を待つことができな
い）。

(h) しばしば自分の順番を待つことが困難である（例：列に並んでいると
き）。

(i) しばしば他人を妨害し、邪魔する（例：会話、ゲーム、または活動に
干渉する；相手に聞かずにまたは許可を得ずに他人の物を使い始める
かもしれない；青年または成人では、他人のしていることに口出しし
たり、横取りすることがあるかもしれない）。

B. 不注意または多動性―衝動性の症状のうちいくつかが12歳になる前か
ら存在していた。

C. 不注意または多動性―衝動性の症状のうちいくつかが2つ以上の状況
（例：家庭、学校、職場；友人や親戚といるとき；その他の活動中）にお
いて存在する。

D. これらの症状が、社会的、学業的または職業的機能を損なわせているまたはその質を低下させているという明確な証拠がある。

E. その症状は、統合失調症、または他の精神病性障害の経過中に起こるものではなく、他の精神疾患（例：気分障害、不安症、解離症、パーソナリティ障害、物質中毒または離脱）ではうまく説明されない。

引用：日本精神神経学会（日本語版用語監修）：DSM-5　精神疾患の診断・統計マニュアル　医学書院、2014

2.3　学習障害（Specific Learning Disorders）

　全般的な知的発達には遅れがみられないにも関わらず、「読む」、「書く」、「計算する」といった特定の能力のみが障害されている状態である。Learning disability（LD）と呼ぶ場合もある。「読み」の困難として「Dyslexia（難読症）」が良く知られている。

〈DSM-5における Specific Learning Disorders の診断基準〉
A.　学習や学習技能の使用に困難があり、その困難を対象とした介入が提供されているにもかかわらず、以下の症状の少なくとも1つが存在し、少なくとも6か月間持続していることで明らかになる：

　不的確又は速度が遅く、努力を要する読字（例：単語を間違ってまたはゆっくりとためらいがちに音読する、しばしば言葉を当てずっぽうに言う、言葉を発音することの困難さをもつ）
　読んでいるものの意味を理解することの困難さ（例：文章を正確に読むこともあるが、読んでいるもののつながり、意味するもの、またはより深い意味を理解していないかもしれない）
　綴字の困難さ（例：母音や子音を付け加えたり、入れ忘れたり、置き換えたりするかもしれない）

　書字表出の困難さ（例：文章の中で複数の文法または句読点の間違いをする、段落のまとめ方が下手、思考の書字表出に明確さがない）

　数字の概念、数値、または計算を習得することの困難さ（例：数字、その大小、およびその関係の理解に乏しい、1桁の足し算を行うのに同級生がやるように数学的事実を思い浮かべるのではなく指を折って数える、算術計算の途中で迷ってしまい方法を変更するかもしれない）

　数学的推論の困難さ（例：定量的問題を解くために、数学的概念、数学的事実、または数学的方法を適用することが非常に困難である）

B. 欠陥のある学業的技能は、その人の暦年齢に期待されるよりも、著明にかつ定量的に低く、学業または職業遂行能力、または日常生活活動に意味のある障害を引き起こしており、個別施行の標準化された到達尺度および総合的臨床評価で確認されている。17歳以上の人においては、確認された学習困難の経歴は標準化された評価の代わりにしてもよいかもしれない。

C. 学習困難は学齢期に始まるが、欠陥がある学業的技能に対する欲求が、その人の限られた能力を超えるまでは完全には明らかにならないかもしれない（例：時間制限のある試験、厳しい締め切り期限内に長く複雑な報告書を読んだり書いたりすること、過度に重い学業的負荷）。

D. 学習困難は知的能力障害群、非矯正視力または聴力、他の精神または神経疾患、心理社会的逆境、学習指導に用いる言語の習熟度不足、または不適切な教育的指導によってはうまく説明されない。

引用：日本精神神経学会（日本語版用語監修）：DSM-5　精神疾患の診断・統計マニュアル　医学書院、2014

2.4　ASDと他の発達障害の併発

　注意しなければいけないのは、ASD、ADHD、LDのそれぞれが完全に

分離されたものではないということである。個人個人を、それぞれの障害に切り分けることはできず、定型発達の人（定型発達者）も含めて、多かれ少なかれそれぞれの障害に対応する要素を持ち合わせている。それが一定の水準に達して、自分と周囲がその特性によって困っているという社会的な状況が生じると「〜障害」と診断されるわけである。したがって、ASDの診断を持ちながら、ADHDの要素を持っていたり、LDの要素を持っていたりということがありうるのだ。DSMにもとづく診断としても、DSM-5では合併する診断がつけられるようになっている。学術的に考えると、遺伝的な背景が関係しているといえるかもしれない。発達障害には、遺伝的な要素が関係していることがわかってきており、しかも、ある特定の遺伝子があって、1つの遺伝子の変異が障害を生み出すという単純なものではなく、複数の遺伝子の変異によって生じていることも示唆されている。これまでのところASDだけでも、数百の関連遺伝子がみつかっているが、有力な遺伝子でも、ASDの数％を説明できるにすぎないそうである。すなわち複数の遺伝子の変異が生じ、環境との相互作用によって発達障害となるらしいのだ。反対に、診断基準は満たさずとも、いくつかの組み合わせの変異が、その発達障害に近い特性を生み出すことがここから予想される。

3.　自閉症／アスペルガー症候群から自閉スペクトラム症へ

　自閉症を初めて報告したのは、米国・ボルティモアの児童精神医、レオ・カナー（Leo Kanner）で、1943年のことであった（Kanner, 1943）。彼は、「Autistic Disturbances of Affective Contact（情緒的接触の自閉的障害）」という論文の中で、知的障害とともに、情緒の障害等の共通の特徴を持った11名の子どもについて報告した。彼は、この子どもたちの間で、優れた記憶力、感覚刺激への過敏性、限局された行動や興味、反響言語とよばれるオウム返しの言葉など様々な特徴がみられることを報告し、そのなかでも「極端な孤立」と「同一性保持への強迫的固執」が自閉症の本質で、そこからコミュニケーションの障害が生じるのではないかと一連の研究で述べた。この障害は、今日、彼が捉えた姿とは、少々異なるものになっているものの、こ

の報告により「自閉症」という概念が確立された。彼が当初報告した症例に近い知的障害を伴う一群は、彼の名前を冠して「カナータイプ」と呼ばれることもある。

　一方、ほぼ同時期（1944年）に、オーストリアの精神科医、ハンス・アスペルガー（Hans Asperger）は、「Autistischen Psychopathen（自閉的精神病質）」という論文で、4人の少年を対象として、「共感する能力の欠如」、「友人関係をつくる能力の欠如」、「一方的な会話」、「特定の興味に対する強い没頭」、そして「ぎこちない動作」を特徴とする症例を報告した（Asperger, 1944）。ともに、のちの自閉スペクトラム症につながる概念といえるが、連合国側だったカナーに比べて、枢軸国側の住民で、かつ、ドイツ語で記述された論文だったため、広く世間に知られるのがだいぶ遅くなってしまった。1981年になって、英国のウィング（Wing）が、症例報告の際に、アスペルガーの業績を「再発見」し、紹介することで、「アスペルガー症候群」という概念が一般化した。そのため、カナーが提唱した「自閉症（カナータイプ）」に対して、知的障害も言語発達の遅れも伴わない一群を「アスペルガー症候群」と呼称することがある。

　カナーもアスペルガーも「自閉」という言葉を用いているが、今日的な意味での「自閉症」とは少々異なることは注意が必要かもしれない。ともに統合失調症での「無為自閉」（意欲が減退し、他の人との関わりを避け、自室に引きこもるなどの状態）からの連想で用いられたようなのである。実際、若年発症の統合失調症と、生まれながらの特性である自閉スペクトラム症は、区別することが難しく、とくに、アスペルガー症候群では、統合失調症に似た症状をきたしているように見えることがあり、統合失調症の診断がつけられてしまうことがあるといわれる。なお、今日、様々な障害や精神疾患に関連した遺伝子が次々と明らかになってきており、その中で、実は、自閉スペクトラム症と統合失調症の間には、遺伝子変異の一部にオーバーラップがみられることがわかってきているため、全くの無関係とも言いきれない。両者は、異なる疾患概念でありながら、関連遺伝子としては共通するものがみられ、共通する症状については、共通する原因が関係する可能性も示唆されている。

　さて、カナーが世界で初めて報告した「自閉症」の概念であるが、その後の研究から、必ずしも知的障害を伴うわけではないことがわかり、アスペルガーが報告したアスペルガー症候群とも共通点が多いことがわかってきた。そこで、米国精神医学会が刊行し、国際的に診断基準として広く使われている「精神障害の診断と統計マニュアル（Diagnostic and Statistical Manual of Mental Disorders, DSM）」の第IV版では、両者は、「広汎性発達障害（Pervasive developmental disorders, PDD）」というカテゴリに含まれることになった。その差異の共通項は、下記の3つの障害で、自閉スペクトラム症の障害をよく表しているといえる（3つ組の障害）。

・対人相互反応の質的な障害（社会性の障害）
・意思伝達の著しい異常またはその発達の障害（コミュニケーションの障害）
・活動と興味の範囲の著しい限局性（興味の限局と繰り返し行動）

　2013年にDSMの第5版（DSM-5）が刊行され、「自閉スペクトラム症（ASD）」という診断名が広く使われるようになる前は、日本でもDSM-IV（およびDSM-IV-TR）が診断基準として広く使われていたので、「広汎性発達障害」または「PDD」という診断名も聞いたことがあるかもしれない。広汎性発達障害の中には、自閉性障害（自閉症、カナータイプ含む）、アスペルガー症候群、レット症候群、小児期崩壊性障害、特定不能の広汎性発達障害（Pervasive Developmental Disorder Not Otherwise Specified, PDD-NOS）が含まれており、多様な特性に対してカテゴリ分けされていた。さらに診断基準のうち、いくつかの定義が満たされない場合は「特定不能の広汎性発達障害（PDD-NOS）」とされたため、当時はPDD-NOSという診断名が広く出回っていたので、少し、ASDの診療や療育に関わったことのある人なら、この言葉も聞いたことがあるかもしれない。また、ASDの中でも、知的障害を伴わない場合（かつ、発達段階では言語の遅れがある）には、「高機能自閉症」という呼称が用いられていた。
　ところが、ASDという概念は、定型発達者とその境界を、きれいに分け

ることはできず、しかも、障害特性の大小は、人によってかなり異なること
がわかってきた。ASD に近い障害特性は、定型発達者の中にも広く共有さ
れていて、それほどに個人差が大きいことがわかってきたのだ。このこと
に注目したイギリスのウィングらは、「スペクトラム（連続体）」という概
念を提唱し、自閉傾向の大小は連続的に分布しており、それがある水準を
超えて、本人や周囲に様々な問題が生じるようになった状態が「ASD」（診
断）に相当するのではないかと考えるようになった（Wing, 1997）。この考
え方が、広く受け入れられるようになると、様々に細分化していたカテゴリ
をまとめて理解した方がよいのではないかという発想が生まれ、広汎性発達
障害の中に存在していた様々な障害分類は、1つにまとめられることになっ
たのだ。その結果を受けて、2013 年に改定された DSM-5（精神障害の診断
と統計マニュアル 第5版）では、これらは「自閉スペクトラム症（Autism
spectrum disorder, ASD）」としてまとめられ、下位分類は、DSM では消滅
することになった。なお、レット症候群については、原因遺伝子が明確にな
り、そもそも異なる疾患概念として、自閉スペクトラム症からは除かれるこ
とになった。障害特性についても見直しが行われ、社会性とコミュニケーシ
ョンの障害がまとめられ、中核となる障害は以下の2つにまとめられること
になった。

A：社会的コミュニケーションおよび相互関係における持続的障害（以下
の3点で示される）
①社会的・情緒的な相互関係の障害。
②他者との交流に用いられる非言語的コミュニケーションの障害。
③年齢相応の対人関係性の発達や維持の障害。

B：限定された反復する様式の行動、興味、活動（以下の2点以上の特徴
で示される）
①常同的で反復的な運動動作や物体の使用、あるいは話し方。
②同一性へのこだわり、日常動作への融通の効かない執着、言語・非言語
上の儀式的な行動パターン。

③集中度・焦点づけが異常に強くて限定的であり、固定された興味がある。

④感覚入力に対する敏感性あるいは鈍感性、あるいは感覚に関する環境に対する普通以上の関心。

引用：日本精神神経学会（日本語版用語監修）：DSM-5　精神疾患の診断・統計マニュアル　医学書院、2014

　自閉スペクトラム症の臨床評価で世界的に広く用いられているADOS-2（Autism Diagnostic Observation Schedule Second Edition）でも、コミュニケーションや社会的相互作用（社会性）は、分けて評価されることから考えても、社会性の障害とコミュニケーションの障害は、同じ範疇としてよいのか？という点についてやや疑問がある。また、DSM-IVでは、細分化されていた高機能自閉症とアスペルガー症候群についていうと、高機能自閉症の診断を受けた子どものほうが言語理解や読み書き能力の障害が目立つ場合が多かったり、アスペルガー症候群の診断を受けた子どもの方が不安障害の合併が多い、ことが報告されるなど、サブグループとして分けて考えたほうがよいかもしれない証拠も上がっている（de Giambattista et al., 2019）。このように異論や疑問点はあるものの、現在では、DSM-5が診断基準として広く使われており、自閉症やアスペルガー症候群などと呼ばれていた一群は、Autism spectrum disorderの訳語として「自閉スペクトラム症」（あるいは、自閉症スペクトラム障害）が広く用いられている。したがって、本書でも、以後は、「自閉スペクトラム症」またはAutism spectrum disorderの略語としてASDを用いることにする。

4.　ASDをめぐる心理・認知科学的仮説

　ASDについて、様々な仮説が提案されており、代表的なものを紹介していきたいと思う。注意したいのは、現時点でASDの原因は、明確にはわかっていないことであり、だからこそ、百家争鳴、様々な仮説が提案されてい

るといえる。心理学や認知科学では、心における情報処理について、あるモデルを立てて、入出力関係（つまり心理実験）を調べることで、矛盾がないか検討する。すなわち、ここでいうモデルとは、必ずしも、実際の脳の神経回路など生物学的なメカニズムを具体的に反映しているわけではないことがあることに注意が必要である。

4.1 実行機能障害仮説

　この仮説では、ASDの様々な障害の背景には「運動計画と注意の切り替えの能力に障害があるのではないか？」ということを仮定している（Ozonoff et al., 1991）。脳の中で、実行機能（遂行機能）は、前頭葉が担うことが知られており、ASD者で「前頭前野が未発達なのかもしれない」というのがこの仮設の本質である。確かに、ASDのある人では、作業全体の見通しをうまくつけられず、柔軟に対応することが出来ないことが知られている。このような「実行機能」の障害が時として、同じ行動を反復させることにつながっているのかもしれない。ところが、ADHD（注意欠如・多動症）でも、同様に実行機能の障害が報告されていて、ASDでみられる実行機能障害が、特異的なものとはいえないかもしれないという問題がある。しかも、ASDとADHDの合併がかなり多いことも知られており、その場合のお子さんで実行機能を評価したときには、その障害は、ASDではなくADHDの重症度と関連していたという報告もある（Lee et al., 2021）。すなわち、重複したADHDの症状を反映していた可能性もあるのだ。また、実行機能障害を仮定するとASD者がもつ才能をうまく説明できない面がある。そこで、単に実行機能の問題で、注意の切り替えがうまくいかないのではなくて、トピックの細部に入り込みすぎてしまう結果、そのようにみえるのではないか、という解釈もなされている（超システム化仮説）。その上で、細部への注意が、システム化が可能なものについてはルールの検出を容易にし、一部の分野での才能を生み出していると考えられるわけなのだ（Baron-Cohen et al., 2009）。一方で、後に紹介する「心の理論課題」は、実行機能との関連が示唆されており、実行機能の発達は、発達障害と無関係ではなさそうだ。

〈前頭葉機能とは〉

　前頭葉とは、脳の前側の領域（専門的には、中心溝より前）である。特に前頭葉の前の方（前頭前野周辺）は、「実行機能・作業記憶」を担っていて、以下のような機能をもつことが知られている。

・行動選択の結果の認知（より良い行動へ）

・許容され難い行動の抑制（理性）

・物事の類似点や相違点の判断

・作業記憶（ワーキングメモリ）：作業中に必要な一時的な記憶

　前頭葉の機能は、臨床的にウィスコンシンカード分類課題（Wisconsin Card Sorting Test：WCST）やハノイの塔課題などで評価することができる。たとえば、ウィスコンシンカード分類課題では、まず初めに、いくつかのカードが実験参加者に示される。このカードには、それぞれ異なる色、数、形がついており、参加者はカードを色、数、形のいずれかにもとづいて分類することが求められる。あらかじめ指示が与えられているわけではないのだが、参加者には1枚分類するごとに正解か不正解かの情報が与えられる。そして、課題の途中でルールが変更されることがあって、その変更されたルールを学習するまでの時間や間違えの数などが評価されている。

4.2　弱い中枢性統合仮説

　この仮説は、ドイツ出身の発達心理学者ウタ・フリス（Uta Frith）らが提案しているもので、「入力された情報と全体像の相互の関連付けがうまくいかないのではないか？」ということを仮定している（Happe & Frith, 2006）。つまり、入力された情報を統合する能力が障害されているため、細かいところに注意が向いてしまい（焦点化）、要点がわかりにくいという特徴が生じるのではないかと考えられるのだ。実際に、ASDのある人では、図形でも文章でも局所に注意が向きやすいことが知られている。図1にある乳母車を見てほしい。その中に「△」はどこにあるだろうか？よく見ると、日よけの部分に含まれていることがわかる。これを埋没図形テストと呼ぶ。実は、ASDのある人では、埋没図形、つまりこのテスト例での「△」の検

出が得意なことが知られている（Baron-Cohen & Hammer, 1997; Jolliffe & Baron-Cohen, 1997）。つづいて、図2を見てほしい。全体は「T」の形をしているが、そのT型は、小さな「S」でできていることがわかると思う（ネイヴォンテスト、Navon test）（Navon, 1977）。これを「何に見えるか？」と聞くと、定型発達者は、「T」と答えることが多いのに対して、ASDのある人は、「S」と答えることが多いことが知られている（Billington et al., 2008）。さらに、スリットからみえるイメージから、全体像を推定するという課題でも、その特徴が明らかになった。この課題では、スリットから絵の一部分だけが見えている状態で、絵が移動していく。その差異、一部が見えている状態をつなぎ合わせてイメージすることで、たとえば、「飛行機がそこにある」といったように全体像がわかるのだ。この課題は、定型発達者の場合は、ある程度正解が可能であるのに対して、ASD者では正答率が顕著に低いことがわかった（Nakano et al., 2010）。細かいところに注意が向いてしまい、要点がわかりにくいことを実証的に示した研究である。このような情報統合の障害は、追々紹介していく感覚情報処理の特徴や、神経結合の問題とも矛盾しないため、全てではないものの、生物学的背景との関連もある程度説明できそうだ。

図1　埋没図形テスト（Embedded Figures Test：EFT）

Happé F. (2013) Embedded Figures Test (EFT). In: Volkmar F.R. (eds) Encyclopedia of Autism Spectrum Disorders. Springer, New York, NY. https://doi.org/10.1007/978-1-4419-1698-3_1726

```
SSSSSSSSSSSSSSSSSSSSSSSSS
SSSSSSSSSSSSSSSSSSSSSSSSS
 SS     SSSSS     SS
        SSSSS
        SSSSS
        SSSSS
        SSSSS
        SSSSS
        SSSSS
       SSSSSSS
     SSSSSSSSSSSS
```

図2　ネイヴォンテスト（**Navon test**）（**Navon, 1977**）

4.3　マインドブラインドネス仮説（心の理論の障害）

　最も有名な心理学的な仮説の1つである。この仮説では「ASD者は、<u>他者の行動の意味を理解し、予測するために、他者の視点（他者の考え・気持ちの理解）に立つことがうまくできないのではないか？</u>」ということを仮定している。他人の心を予測する能力のことを「心の理論」と呼び、この仮説では、ASDのある人では、その「心の理論」が障害されていると考える。この能力を調べるには、他人がある出来事について間違った信念を持っていることを理解できるかを評価すればよいことになるため、1983年に、ハインツ・ヴィマー（Heinz Wimmer）とジョゼフ・パーナー（Josef Perner）は、発達段階の子どもで心の理論の有無を調べるための課題として、誤信念課題（False-belief task）を提案した（Wimmer & Perner, 1983）。英国の発達心理学者サイモン・バロン＝コーエン（Simon Baron-Cohen）は、この課題を用いることで、ASDのある子どもでは、「心の理論」の獲得が遅れることを発見し、「マインドブラインドネス仮説」（心の理論障害仮説）を提唱した（Baron-Cohen et al., 1985）。「心の理論」をテストするのに代表的な課題は、登場人物にちなんで「サリー・アン課題」（「心の理論」課題）と呼ばれる（図3）。

図3　サリー・アン課題（Sally–Anne test）（Baron-Cohen et al., 1985）

〈サリー・アン課題〉
サリー（左）とアン（右）が、部屋で一緒に遊んでいる。
サリーはボールを、かご（左側）の中に入れたあとで、お出かけする。
サリーがいない間に、アンは、ボールを別の箱（右側）に移してしまう。
サリーが部屋に戻ってくる。

課題：サリーが、まず探すのは、「かご」か「箱」のどちらか？

　もちろん、ボールが入っているのは、本当は箱の中である。でも、サリーは、ボールをアンが箱に移してしまったことは知らないので（誤信念）、まず「かご」を探す、というのが正解である。他者の誤信念が理解できないと、本当にボールが入っている「箱」を正解として答えてしまうことになる。

　バロン＝コーエンらは、この課題は、定型発達者の子どもだと4歳ころからできるようになる一方、ASDのある子どもでは、5歳以後も獲得でき

ないことを発見した。これをもとに、誤信念の獲得（「心の理論」課題）が障害されている、または獲得が遅れていると考えたのだ（Baron-Cohen, 1991）。他者視点獲得の遅延、これこそが、ASDで見られる社会性とコミュニケーションの障害の根源なのではないかと、考えたわけである。

　「サリー・アン課題」を、知的障害のないASDのある成人に答えてもらうとどうなるだろうか。論理的に考えて回答すれば、正解できるため、もちろん、正解可能だ。「サリー・アン課題」自体は、あくまで獲得が遅れる、であって、不正解がずっと続くわけではないことに注意が必要である。ただ、これについては論理的な思考など異なる解法による代償的な獲得である可能性を示唆する研究も知られている。「サリー・アン課題」と同様の課題を、口頭で答えてもらうのではなく、その状況での視線を計測する。そうすると無意識的にどのような処理をしていたのかが推定できるわけだ。このとき、すでに「サリー・アン課題」が正解可能な成人のASD者であっても、視線の動きは、定型発達者とは異なり、誤信念課題をクリアできていないと考えられる側に視線が滞留することが報告されている（Senju et al., 2009）。つまり、発達段階で、代償的に論理的な回答が学習されるものの、視点変換の苦手は残存していると考えられるのだ。

　「心の理論」については、関連する脳の領域も示唆されている。学童を対象に行なったfMRIによる脳機能計測の結果、いわゆるサリー・アン課題（心の理論課題）と、頭頂側頭接合部（Temporo-parietal junction）と呼ばれる領域の脳活動が関連することが報告されている（Saxe et al., 2009）。そしてASD児では、障害特性の重症度と、右側の頭頂側頭接合部や内側前頭前野の脳活動が関連することも報告されている（O'Nions et al., 2014）。

4.4　共感化–システム化仮説

　この仮説も、バロン＝コーエンらが提唱しているものである（Baron-Cohen, 2009; Baron-Cohen et al., 2005）。この仮説では、「共感性の発達の障害と強いシステム化の技能」とASDの関連を仮定している。ここで「共感化」には、相手の考えや気持ちを推し量り（認知的共感）、適切な情緒的な反応をする（感情的共感）能力が含まれており、EQスコア（共感

化指数）という質問紙によって得点化することができる（Baron-Cohen & Wheelwright, 2004）。一方、「システム化」には、構造と規則性（ルール）を分析したり、構成したりする能力が含まれており、SQ スコア（システム化指数）という質問紙によって得点化できる（Baron-Cohen, Richler, Bisarya, Gurunathan, & Wheelwright, 2003）。実際には、EQ スコアと SQ スコアをセット（EQ/SQ）で回答してもらい、システム化傾向（SQ）が優位か（S-Type）、共感化（EQ）傾向が優位か（E-Type）、といったことをスコア化（D-score）することで判定することになる。ここで、バロン＝コーエンは、ASD 者では、システム化傾向が過剰となった状態になっているのではないかと考えた。確かに、ASD のある人は、なんとなくの雰囲気で共感的に物事を捉えるよりは、構造や規則に従って物事を捉えることが得意とされている。なお共感化傾向とシステム化傾向は、それぞれ職業適性も反映すると言われており、共感傾向が高い人は、看護・介護・福祉のような仕事で高い評価を受け、システム化傾向の高い人は、技術者や科学研究者として花開くことが多いといわれている。

　なお、共感化傾向は群としては女性で高い傾向にあり、システム化傾向は群としては男性で高い傾向があることも知られている（Baron-Cohen et al., 2005）。もちろん、平均身長などと一緒で、あくまで群の平均値としての話であり、女性でもシステム化傾向が高い人もいるし、男性でも共感化傾向が高い人がいるので、この点は注意が必要である。バロン＝コーエンは、ASD 者では、システム化傾向が過剰となっていることから「超男性脳仮説」という仮説も唱えている。つまり、システム化の傾向が高い脳を「男性脳」と捉え、その極端な例を「超男性脳」としたのだ。なお、彼らは、胎内での男性ホルモン暴露が多いと、子どもの共感化傾向が下がりシステム化傾向が高まることを超男性脳仮説の根拠の 1 つとして考えている（Baron-Cohen et al., 2011）。

　共感化 - システム化仮説やそれを拡張した超男性脳仮説については、「一面的すぎるのではないか」とか「偏見を増長するのではないか」といった批判がある。一方、理工系の研究者や技術者は全体に自閉傾向が高いことが知られており、物事をシステム化して捉えるという傾向が ASD 的な特性の一

部が、これらの業種に必要な適性となっているのではないかという議論もある（Buchen, 2011）。「ASDをめぐる生物学的仮説」の「遺伝か環境か？」で紹介するように、ASDに関連すると考えられている遺伝子は数百以上にのぼる。つまり複数の原因によって生じる「症候群」であり、1つの原因だけで説明できないし、障害特性の多様性もここに原因があると考えられる。一方、バロン＝コーエンらは、様々な心理学的な仮説を提唱しており、それぞれの関係性が気になるところではあるものの、提唱者自身もこれらが排他的なものではないと主張している（Baron-Cohen et al., 2011）。共感化 - システム化仮説や超男性脳仮説もASDのすべてを説明可能というわけではなく、その一部を説明できる可能性のある仮説と捉えるのが適切だと考えられる。

〈参考：心の知覚〉

　「共感」に関連して、「心の知覚」という概念について紹介する。一言で言えば、「ターゲット（人・もの・ペット）に心があると感じているか否か」ということを表す。これから紹介する研究では、質問紙を使って、ターゲットに心があるか、ということについて、そのターゲットに「感覚・感情経験があると感じるか（experience）」と「意図があると感じるか（agency）」の2軸で分類した（Gray et al., 2007）。

　多くの一般集団（米国）を対象に調査したところ、「自分や周囲の人は、意図も感覚・感情もある」と感じる一方で、「植物状態の人や胎児は、感覚・感情はあるが、意図は持たない」と感じ、「神には意図はあるが、感覚・感情を持たない」と感じていることが明らかになった。

　この質問紙調査をASDのある人で行うとどうなるのか。同じグループが興味深い論文を発表している（Gray et al., 2007）。ASD者では、「他の人が感覚・感情経験を持つ」という評定は変わらないものの、「意図を持つ」という評定は低くなる傾向にあることがわかった。一方、サイコパスの人では、「他の人が感覚・感情経験を持つ」という評定も「意図を持つ」という評定も低くなる傾向にあり、赤ちゃん等についても「感覚・感情経験を持つ」という評定を低くする傾向にあることがわかった。反対に、統合失調型

パーソナリティ障害の人では、ロボットも「感覚・感情経験を持つ」し、「意図を持つ」と評定する傾向が高くなることもあきらかになった。つまり、ASDの人は、相手も自分と同じように痛みを感じるということはわかっているが、意図が読めないと感じている傾向がある一方で、サイコパスの人は、相手の痛みも意図も感じにくく、統合失調型パーソナリティ障害の方は、モノにも意図を感じてしまうために、妄想のような思考パターンが生じてしまうのではないかと考えられるのだ。

4.5　予測誤差障害仮説

　認知科学的な仮説の1つである。この仮説では、自閉スペクトラム症のある人では、「異なるタイムスケールで生じる予測の障害が、異なる障害特性を生み出す」と考える。環境で次に生じるイベントの予測がうまくいかないことで、運動障害、言語、社会的コミュニケーション、プランニングの障害が生じると考えるわけだ。感覚過敏についても、騒音環境などについて、音の予測がうまくいかないことで、その音に対して過剰に応答してしまう、といった解釈が可能である（Sinha et al., 2014）。

　実際、現在の状況の把握に過去の経験が役立つことがある。コンピュータなどでこれを実現するための方法の1つにベイズ推定というやり方が知られている。人の脳でも、同様の推定が行われているらしいことがわかってきた（Guo et al., 2004; Kording et al., 2004）。つまり、日常生活で何かを見たり聞いたりしているときには、実際に入ってきた感覚刺激（観測値）をそのまま知覚しているわけではなく、観測値と事前確率（Prior）の積によって生じると考えられているのだ。つまり、不確かなものを知覚する際には、実際の観測値よりも、事前に得られていた情報をもとに形成された事前確率の分布に引きずられる（近づく）かたちで知覚される（ベイズ推定）。事前確率は、常に更新されていると考えられており、これにより、不確かな感覚情報をもとに、より確からしく予測することを実現している。ASDのある人では、ベイズ推定がうまく活用できておらず、それゆえに予測や推定の障害が生じるのではないかという仮説も注目されている（Pellicano & Burr, 2012）。たとえば、集合の傾向を見積もる課題では、定型発達者は

平均値を答える傾向が高い一方で、ASD者はその傾向が弱いとされている（Karaminis et al., 2016）。また、左右の手に与えられた触覚刺激の順序を判断してもらう課題（時間順序判断）において、刺激の順序に偏りがあると、その影響を受けた知覚が生じるのだが（ベイズ較正）（Miyazaki et al., 2006）、ASD者では、ベイズ較正が生じにくく、感覚信号がそのまま知覚になりがちであることが示唆されている（Wada et al., 2022）。この仮説は、数理的なモデルとして説明可能であり、予測誤差符号化の障害とASDの障害特性を説明する試みも行われている（Nagai & Asada, 2015）。

5. ASDをめぐる生物学的仮説

　これまで、心理学・認知科学的な視点からのASDに関する仮説を紹介してきた。これらは障害が生じるメカニズムをマクロ的な視点から推察したものである。これに対して、今度は、生物学的な仮説を紹介する。こちらは生物学的な研究から得られた実験結果をもとに組み立てられた仮説であって、個々の障害の全ては説明できるとはいえないものの、いずれもミクロの視点からの証拠が得られている。注意しなくてはいけないのは、ASDの原因は、現時点では解明されていないことである。様々な生物学的な研究から、様々な背景がわかってきてはいるものの、ようやく点と点がつながりつつあるような段階で、統一的な説明はできていないのが現状といえる。

5.1　ミラーシステム障害仮説

　この仮説は、「ミラーニューロン」を発見したイタリアの神経生理学者リゾラッティ（Rizzolatti）らが提唱したものである（Rizzolatti & Fabbri-Destro, 2008, 2010; Rizzolatti et al., 2009）。まずは、ミラーニューロンについて紹介する。ニューロンは、脳の神経細胞のことで、リゾラッティらは、運動前野とよばれる運動計画のプログラミングに関わるとされる、脳の前の方にある領域（前頭葉の一部）に電極を刺入して、ある動作をするときのニューロン（神経細胞）の活動を調べていた。この研究で、餌を把持して持ち上げるときに反応するニューロンが見出されたのであるが、あるときに、実

験中のサルの目の前で、研究者が餌を把持するだけで、同じニューロンが活動することを発見した（di Pellegrino et al., 1992）。つまり、ある動作をするときに活動するニューロンが、その動作を観察したときにも同じように活動することがわかったのだ。つまり、動作に対して「鏡」のように活動するニューロンということで「ミラーニューロン」という名前がつけられた。この実験は、サル（マカクザル）を対象に行われたものであるが、fMRIを用いた脳機能計測でも同様な活動がみられたので、ヒトにも存在すると考えられている（Iacoboni et al., 1999; Rizzolatti et al., 1996）。ただし、実際にニューロン活動を記録したわけではないので、人で観察されたミラーニューロン的な脳活動に対しては「ミラーシステム」という言葉が使われている。

　リゾラッティらは、自己と他者の動作の双方に対して活動するという性質から、このニューロンは他者の動作理解に使われているのではないかと考え、さらに、それが共感性の基盤となっているのではないかと考えている（Rizzolatti & Fabbri-Destro, 2008）。相手の気持ちを推し量って、適切な振る舞いをするには、他者の動作の理解が必要不可欠だからである。そして、ASDのある人では、このミラーシステムの活動が弱いのではないかというのが、この仮説の根幹となる。実際に、fMRIを用いた脳機能計測では、感情的な表情を持った顔画像を提示したときに観察される「ミラーシステム」領域（すなわち、運動前野周辺の脳活動）の活動が、ASDのある人で低いことが報告されている（Dapretto et al., 2006; Iacoboni & Dapretto, 2006）。ASDの特性の強さは、ADOS（Autism Diagnostic Observation Schedule）と呼ばれる本人に対するアセスメントや、ADI-R（Autism Diagnostic Interview-Revised）と呼ばれる保護者に対するインタビューを用いて評価されることが多いのであるが、この論文では、ADOSやADI-Rにおいて、ASDの特性が強い（得点が高い）実験参加者ほど、ミラーシステム周辺の脳活動が低いことも報告されている。

〈ミラーシステム以外に自閉スペクトラム症に関連する脳領域〉

　ASD障害特性などに関連した脳領域は他にも報告されている（Baron-Cohen et al., 1999）。先に紹介したように実行機能の障害は、眼窩前頭皮質

を始めとする前頭葉と関連が深いし、「心の理論」は、頭頂側頭接合部との関連が示唆されている。

　社会認知には、上側頭溝（Supra-temporal sulcus, STS）とよばれる脳の側面にある領域（側頭葉の一部）も重要であると考えられている。例えば、定型発達者では、他の音（物音）に比べて、ヒトの声に対して上側頭溝が強く反応することが知られている。ところがASD者では、ヒトの声と物音の間で活動に大きな差はみられなかった（Gervais et al., 2004）。さらに、上側頭溝は、バイオロジカルモーションとよばれる、ヒトの動きを光点で表したアニメーション（歩行などのヒトらしい動作を反映）に対して強く反応することも知られている（Grossman et al., 2000）。一方、2歳位の幼児であっても、人が歩く姿を表したバイオロジカルモーションに視線をより向ける傾向があるのに対して、ASD児では、バイオロジカルモーションとその倒立像との間で注視する時間に差はなかった（Klin et al., 2009）。成人では、バイオロジカルモーションそのものに対する応答は、ASD者と定型発達者の間で大きな違いはないものの、バイオロジカルモーションに注意を向けたときの上側頭溝の活動は、弱いことが報告されている（Alaerts et al., 2017）。

　一方、大脳辺縁系の1つである扁桃体は、蛇やクモに対する恐怖反応など情動行動に重要であるが、表情の認識など社会認知にも関与している。扁桃体の活動もASD者で非定型的であることが知られている（Baron-Cohen et al., 2000）。ASD者は、不安が強いことが知られており（Ishimoto et al., 2019）、扁桃体の非定型性との関連を注目すべきと考えられる。

　このように社会認知と関わる脳の領域がいくつかみつかっており、これら領域は、総称して「社会脳」とよばれている。

5.2　脳の早期過剰成長仮説

　後にASDと診断されることになった6〜14ヶ月の乳児では、大きな頭囲をもっていることが報告されている（Courchesne et al., 2003）。脳の過剰成長がASDの原因となるのではないかというのがこの仮説である。不幸にも何らかの原因で亡くなってしまったASD児の剖検脳によれば、頭囲だけでなく、脳の重さそのものも、重くなっていることが報告されている

(Courchesne et al., 2011)。なお、前頭前野では、ニューロン（神経細胞）の数そのものが多くなるようだ。脳の過剰な大きさは、生涯にわたり続くものではなく、発達の一時期、とりわけ2歳頃までの現象と考えられている（Courchesne et al., 2007）。さらに、脳の前側（前頭葉）や側面（側頭葉）、そして運動の制御に関わる小脳や情動に関わる扁桃体であると報告されており、これらはまさに「社会脳」に相当する場所である。つまり、これらの領域の過剰な形成が、機能不全に繋がっているのではないかと考えられている。

5.3　Disconnection syndrome（神経結合の障害）仮説

　ASDに関連した遺伝子の変異として数百以上が知られているが、神経細胞同士のつながり（シナプスや軸索）に関わる遺伝子の変異が目立つ。そのことから、特定の部位の障害として捉えるよりも、脳の領域間のつながりの多様性がASDの特徴を作り出しているのではないかと考えるのが本仮説である（Geschwind & Levitt, 2007）。いくつかの研究から、ASDのある人では、脳の領域間のつながりが弱かったり、過剰だったりすることが知られており、とりわけ、左右の半球など比較的遠い領域をつなぐ神経結合が相対的に弱く、近接する領域のつながりは、むしろ過剰にさえなっていることが指摘されている。

　脳機能計測でも、領域間の機能的なつながり（相関による機能的結合の評価）がASD者で弱いことが報告されている（Just et al., 2004）。また、特に課題を行うわけではない安静時の脳活動について領域間の機能的なつながり（デフォルト・モード・ネットワーク）を評価した研究からも、ASDのある人では、定型発達者よりもつながりが弱い部分と、つながりが強い部分があるなど、大きな多様性が存在することが報告されている（Hahamy et al., 2015）。つまり、単にDisconnection syndrome（結合不全）があるというよりは、領域間によっては結合が弱かったり、強かったりといった神経結合の非定型性が本質であると考えられるのだ。ASD者のなかでみられる特性の大きな多様性も神経結合の多様性によって説明できるかもしれない。

5.4　興奮抑制バランス障害仮説（E/I balance）

　脳の中の神経細胞は、興奮を受け取り、シナプスで神経伝達物質と呼ばれる化学物質を放出することで、シナプスでつながる次の神経細胞に興奮を伝えたり、反対に興奮を抑えたりすることができる。そうすることで、コンピュータの中の論理回路のように働き、情報処理を実現しているのだ。脳の中には、興奮性の神経細胞と抑制性の神経細胞が存在する。興奮性の神経細胞は、興奮すると次の神経細胞に興奮を伝え、抑制性の神経細胞は、次の神経細胞の興奮を抑える働きがある。前者は、主にグルタミン酸が神経伝達物質（興奮性神経伝達物質）として使われ、後者では、主にガンマアミノ酪酸（GABA）が、次の神経細胞の興奮を抑える神経伝達物質（抑制神経伝達物質）として使われている。他の神経細胞から、より多くの興奮性の入力を受け取れば、その神経細胞は興奮するし、そのときに抑制性の入力も同時に受け取ると、興奮は抑えられることになる。これにより、脳も、コンピュータのような情報処理を実現している。このとき、興奮ばかりだと、ループ状の回路は、マイクのハウリングのように、いずれ暴走してしまう。神経細胞が病的に過剰な興奮を起こしてしまった状態が「てんかん」であり、意図しない手足のばたつきや意識の消失が生じることが知られている。従って、神経回路の安定には、興奮性の神経細胞と抑制性の神経細胞が適度にバランスを取ることが重要になる。

　ASD の「興奮抑制バランス障害仮説」では、脳の発達過程で、興奮性の神経細胞と抑制性の神経細胞のバランスが乱れてしまうことで、ASD の特性が生じると考えている（Rubenstein & Merzenich, 2003）。その証拠の１つとして、これまでに明らかになった自閉スペクトラム症の関連遺伝子には、抑制性の神経細胞、特に、抑制性 GABA 神経のうち「パルブアルブミン陽性細胞」（Parvalbumin-positive inhibitory neurons, PV neuron）に関わる変異が多いことが挙げられる（Gogolla et al., 2009）。また、ASD に、てんかんの合併が多いことも傍証の１つである。脳（大脳皮質）の興奮性の神経と抑制性の神経のバランス（E/I balance）が乱れることで、神経回路の特性が変わってしまうことが示されており（Markram & Markram, 2010）、ネズミ（実験用のマウス）を使った実験では、E/I balance の乱れから、ASD の

ような社会的コミュニケーションの障害が生じることも示された（Yizhar et al., 2011）。ヒトを対象とした研究からも、MRI を使った脳機能計測を用いれば、体を傷つけることなく、GABA を含めた脳内の化学物質の濃度を調べることができる（Magnetic resonance spectroscopy, MRS）。じっさい、ASD 者の脳内の一部で、GABA 濃度が低下していることも報告されており、感覚・運動機能の障害との関連が注目されている（Cochran et al., 2015; Gaetz et al., 2014; Puts et al., 2017; Rojas et al., 2014; Umesawa et al., 2020）。現時点で、興奮抑制バランス障害仮説は、ASD の病態の説明としてかなり有力なものといえる。一方、発達過程の一時期は GABA が興奮性に働くこともあるし[1]、代償的な作用も働くことも考えられるため、GABA 濃度が高いか、低いかといったことだけに帰結できる話ではなく、GABA のサプリを摂取すればよいといった単純な話ではないことに注意する必要がある。

---

1 神経細胞は、シナプスにおいて、前の神経細胞からの神経伝達物質を、対応する受容体で受け取ることで応答する。ある神経伝達物質に対して、ターゲットとなる神経細胞が興奮性に働くのか、あるいは抑制性に働くかは、実は細胞内と外のイオンの濃度差が大きく関係している。実は、GABA神経が抑制に働くか、興奮に働くかは、細胞内の塩化物イオン（Cl-）の濃度によって決まる。成人の脳内では、細胞内のCl-イオン濃度は十分に低く、GABAが受容されると、細胞の中にCl-イオンが入り込んでくることで、細胞の興奮性を落とす働きがある（過分極）。つまり抑制系として働く。Cl-イオン濃度が低いのは、細胞についているイオンポンプ（KCC2）が常にCl-イオンを細胞外に汲み出しているからであることが知られている。ところが、発達段階の早期では、このポンプがまだ働いておらず、細胞内のCl-イオン濃度が高い細胞があることがわかってきた。このような細胞では、GABAの信号が到達すると、むしろ細胞の外へCl-イオンが流出する方向に働き、細胞は興奮する方向に変化する（脱分極）。つまり、発達段階では、GABAは、興奮性に働くこともあるのだ（Ben-Ari et al., 2012）。

　これに対して、一部のてんかんでは、このイオンポンプ（KCC2）がうまく動作しておらず、そのせいでGABAが興奮性に働いてしまう細胞があることがわかってきた。またASD的な特性を有することも知られている。GABAが興奮性に働いてしまうことで、脳の過剰な興奮を引き起こし、てんかんにつながると考えられ、神経回路としての興奮抑制バランスの乱れが、ASD的な障害特性の発現につながるのではないかと推測されている（Kahle et al., 2016）。

5.5　オキシトシン機能障害仮説

　オキシトシンとは、下垂体後葉という脳の底にある器官から、血中に放出されるホルモンであり、下垂体後葉には、神経細胞の末端があって、そこから直接、血中に分泌されるのが特徴である。平滑筋という筋肉を収縮させる作用があるため、分娩時の子宮収縮や、授乳時の乳汁分泌に働く性ホルモンの一種として知られていた。例えば、授乳時には、赤ちゃんの吸い付きにより、乳房に機械刺激が入り、その刺激が脳に伝わり、視床下部にあるオキシトシン神経を興奮させ、下垂体後葉にあるオキシトシン神経の末端から、血中にオキシトシンが放出される。すると、オキシトシンの作用で、乳房にある平滑筋が収縮し、乳汁が分泌されるのだ。オキシトシン自体は、アミノ酸が9つ繋がったペプチドで、神経ペプチドの一種とされている。そして、オキシトシンは、乳汁分泌だけでなく、脳内で神経伝達物質として働いて、母子愛着を高める作用があることが、ネズミ（実験用のマウスやラット）を用いた研究から明らかになってきた（Nagasawa et al., 2012; Rilling & Young, 2014; 永澤他, 2013）。それどころか、ハタネズミを使った研究では、一夫一妻と一夫多妻など生活様式にも影響を与えることもわかった。オキシトシンは母子だけでなく夫婦の愛着形成にも関わる社会認知にとって重要なホルモンだったのである（Walum & Young, 2018）。さらに、オキシトシン分泌増加は、不安解消や鎮痛作用まであることも知られている（永澤他, 2013）。

　オキシトシンは、母子や夫婦間のコミュニケーションに重要なだけでなく、成人を対象とした研究では、オキシトシンを鼻腔にスプレーするとゲーム中に相手を信頼するような手をうちやすくなることが報告された（Kosfeld et al., 2005）。つまり、オキシトシンの分泌は、子宮収縮や乳汁分泌を促すだけでなく、男性を含めた成人で生理的に作用しており、親子の愛着・絆形成、そして信頼感などの社会認知も促進することがわかってきたのだ。

　社会認知やコミュニケーションに関連したホルモンということで、気になるのは、ASDとの関連である。実は、いくつかの研究から、ASDのある一部の家系では、オキシトシン受容体に変異がみられることが報告されている

（Campbell et al., 2011; X. Liu et al., 2015）。受容体とは、オキシトシンのように特定の生理活性物質と結合するための「センサー」の働きをするタンパク質である。つまり、オキシトシン受容体とは、オキシトシンが結合すると反応するセンサーといえる。したがって、オキシトシン受容体の変異があると、その機能に障害が生じる可能性があることを示している。

　オキシトシンは、社会性・コミュニケーションの円滑化に働くホルモンとして知られており、しかも一部のASDのある家系では、オキシトシン受容体の変異がみられることがわかってきた。そこで、オキシトシンを補充することで、ASDでみられる社会的コミュニケーションの障害が改善するかもしれないということが注目されている。これまでに行われた研究の中では、オキシトシンを鼻腔にスプレーすると、自閉スペクトラム症者での反復・繰り返し行動が減少したり（Hollander et al., 2003）、表情認知を重視する判断を行うようになったり、それに関わる脳活動が上昇するなど社会的コミュニケーションの障害の改善が報告されている（Aoki et al., 2014, 2015; Watanabe et al., 2014, 2015）。反復投与の効果など「治療」的な効果が確かにみられるかについて臨床的な研究が進められており、社会性・コミュニケーションの一部に効果が見られたり、乏しいとされる表情変化が豊かになったりすることが報告されている（Owada et al., 2019; Yamasue et al., 2020）。オキシトシンは、先に紹介したとおり、神経伝達物質として働く神経ペプチドの一種であるため、投与方法によっては頻回の投与を繰り返したときに効果が持続するかどうかは不明な点もある上、当事者本人が有しているオキシトシン受容体の個人差（遺伝子多型）によって効果が変わる可能性も考えられる（Watanabe et al., 2017）。しかし、これらを考慮した上での創薬のターゲットとしては有望であり、さらなる研究が待たれる。したがってASDの方が経験している「生きづらさ」の一部は、オキシトシンに関連した薬剤によって軽減される可能性も出てきたといえる。

　以上のように、ASDの生物学的背景としては、様々なことが明らかになりつつあることを紹介した。生物学的な背景としては、他にも様々なことが示唆されている。たとえば、モノアミン系神経、特にセロトニントランスポ

ーターの遺伝子多型などセロトニン系神経の異常が関係する可能性については、ヒトの遺伝研究や動物実験モデルを用いた研究の双方から関連が示されている（Devlin et al., 2005; Nakamura et al., 2010; Nakatani et al., 2009; Tamada et al., 2010）。また、ASD に関連して、微細構造を含めた脳の構造変化も示唆されている。たとえば、運動制御や計算に重要な領域として知られている小脳について、プルキンエ細胞と呼ばれる主要な細胞の減少や構造の異常など様々な形態変化が ASD 者で報告されている（Bailey et al., 1998; Fatemi et al., 2002; Ritvo et al., 1986; Williams et al., 1980）。障害特性との関連など全容ははっきりとはしていないものの、他にも前頭前野や海馬、扁桃体などの領域での構造異常（Bauman & Kemper, 1985; Williams et al., 1980）や大脳皮質の構造異常（Wegiel et al., 2010）も報告されている。

6. ASD の遺伝要因と環境要因

　未だ全容が明らかになっていない ASD であるが、結論からいえば、遺伝と環境の両方が関与していると考えられている。生物学的な研究の進展から、双方の要因からの背景を調べ、その分子メカニズムを探求する研究が進んでいる。

6.1　遺伝か環境か？

　歴史的には、ASD の原因として、養育環境が大きな要因となっていると考えられていた時代があった。これは一面的すぎるため、今日的には誤りといえ、むしろ遺伝的要因が大きいことが知られているのだが、過去には有力視されたこともあった。たとえば、ASD を初めて記載したカナーは、母親の愛情の欠如が ASD につながる可能性を示唆していた（Kanner, 1949）。これを大々的に訴えたのが、精神分析学者のベッテルハイム（Bettelheim）だ。彼は、「母親が子供に冷たく接し、拒絶するために適切な愛情の絆を作ることができず、それが ASD を生み出すのではないか」と考え（Bettelheim, 1967）、「冷蔵庫マザー（refrigerator mother）」という言葉を生み出した。このことは、ASD の原因は、環境にあるという考えにもと

づく。結果として、1940年代から1970年代にかけて、ASD児をもつ母親は、その愛情不足を糾弾され、非常に厳しい立場におかれることになった。その後、この仮説は、一面的すぎるという点で間違いであることが指摘され、今日では、否定されている。ASDは、環境要因はありつつも、むしろ遺伝要因が大きいことが明らかになったからである。

双子の研究によれば、二卵性双生児の間で、片方がASDと診断された場合、もう片方の子もASDとされる確率は10％程度であった一方で、一卵性双生児の間では、60〜90％程度まで高まることが報告された（Bailey et al., 1995）。子どもの遺伝子は、父と母のどちらかの遺伝子をランダムに受け継いでいるので、二卵性双生児では、どちらを受け継いだかはランダムに決まるため、兄弟間で遺伝子の組み合わせは完全には一致しない。一方、一卵性双生児は、共通の受精卵が分割されて生じたものなので、その遺伝子は同一となる。前者と後者で、ASDの診断が一致する確率が大きく異なるという事実は、この障害に遺伝的要因が大きいことを示唆しているのだ。その後の研究では、二卵性双生児でも一致する率が20〜40％に及ぶのに対し、一卵性双生児での一致率は50〜80％程度にとどまるという報告もあることから（Hallmayer et al., 2011）、環境要因もそれなりに影響があることが示唆されている。しかし、いずれにしても養育環境というよりは、遺伝要因が大きいことは間違いなさそうだ。

環境要因といえば、妊娠中における特定の薬物やアルコールの摂取、風疹ウィルスやサイトメガロウィルスなどの感染等による影響が示唆されている（篠田他，2009）。かつて妊娠悪阻（つわり）の治療薬として用いられたサリドマイドや、抗てんかん薬として知られるバルプロ酸は、子どもの催奇形性とともにASD的な症状を引き起こすことが示唆されている（現在では、バルプロ酸投与による動物モデルの作成と研究が行われている）。

ある時期、予防接種に含まれた水銀が原因となっていると考えられた時期もあったが、こちらは否定されている。著名な医学雑誌Lancetに、MMRワクチン（三種混合ワクチン）中の水銀がASDの発症に繋がっていることを示す論文が掲載され、大きな反響を引き起こしたものの、その後の研究で、その事実が否定され（Taylor et al., 2014）、もとの論文は、捏造として

撤回されることになったのだ。

　環境要因と遺伝要因をつなぐ現象として「エピジェネティクス」が注目されている（三宅・久保田，2015; 篠田他，2009）。遺伝情報は、細胞核の中のDNAの配列として表現されているが（遺伝子）、実は、DNAの特定部分が「メチル化」という修飾を受けると、その部分の遺伝子が不活化される。これがエピジェネティックな発現調節であるが、薬物を含めて様々な環境の影響を受けて成立することが知られている。様々な疾患の発症に関与する可能性として注目されているが、ASDについても関与が示唆されている。環境要因として、薬物やウィルス感染に加えて、両親の年齢や環境汚染物質など様々な可能性が考えられているが、そこにはエピジェネティックな発現調節の影響も関わっていると考えられ、現在も盛んに研究が続けられている。

6.2　遺伝子多型とは

　これまでに紹介したようにASDには遺伝的な要因が強いことが明らかになってきた。生体機能を分子レベルで明らかにするための学問を分子生物学と呼ぶが、その手法は、ここ数十年で劇的に進歩し、個人の遺伝子配列を読み出すことも可能になった。

　人体の設計図は、細胞核の中に収められた2本鎖DNA（デオキシリボ核酸）にある。DNAは、アデニン（A）、グアニン（G）、シトシン（C）、チミン（T）という4種類の塩基が延々と連なった構造で、A, G, C, Tという4種類がいろいろな組み合わせで並ぶことで遺伝情報が表現できる。コンピュータの電子情報は、ON（1）とOFF（0）で表現された1ビットの情報表現なので、遺伝情報はA, G, C, Tの2ビットで表現されているということができる。実は、3つの塩基の組み合わせで1つのアミノ酸を表しており（例：「G・A・G」の組み合わせでグルタミン酸）、DNAの「設計図」にもとづいて、アミノ酸をつなげていくことでタンパク質が作られる。そのような遺伝情報の特定のかたまりの遺伝配列を「遺伝子」と呼び、これがタンパク質などの設計図に当たるわけなのだ（タンパク質の設計図の部分を「遺伝子」、それ以外の遺伝情報も含む場合を「ゲノム」と呼ぶ）。この設計図は、

両親から引き継がれたものであり（遺伝）、基本的に遺伝子は、父由来と母由来の2種類が存在するのだ。

　さて、塩基配列からなる遺伝情報は、アミノ酸の配列を表していると書いたが、もし、塩基配列が他の人と異なっていたらどうなるだろうか。タンパク質を構成するアミノ酸が別のものになるため、合成されたタンパク質の機能が異なったものとなる可能性がある。つまり、そのタンパク質の関わる機能が強まったり弱まったりする場合があるのだ。ASDでは、神経発達に関わる遺伝子配列の微妙な違い（遺伝子多型）により、神経機能の違いが生み出されていると考えられている。ただし、広く知られた「メンデルの法則」（遺伝学の基礎）のように、「この遺伝子に変異があったらASDを発症する！」というようにはっきりとしたものではない。むしろ、定型発達者も持っているような軽微な変化（コモンバリアント）の組み合わせが複数積み重なることで、ASDを特徴づける特性の組み合わせが生じると考えられるのだ。だからこそ、定型発達者との間の境界がはっきりしない「スペクトラム」が生じるといえる。

　このような「遺伝子配列の個人差」を「遺伝子多型」と呼ぶ。そのなかでも、特定の遺伝子配列が繰り返し入るような変異を「コピー数多型」（copy number variation, CNV）と呼び、遺伝子内の特定の1塩基に変異が入ったものを「一塩基多型」（single nucleotide variation, SNV）と呼ぶ。このような遺伝子変異が、どの遺伝子に生じているかを調べ、さらに当該部位の遺伝子に変異を生じさせた動物モデル（遺伝子改変動物）を用いて、神経回路の変化や行動特性の変化の評価を行うといった医学・生物学的な研究が盛んに行われている。1つ1つは、ただちに臨床応用につながるものとはいえないものの、そういった基礎研究の積み重ねが、ASDの病態メカニズムを明らかにしたり、将来的には支援手法や薬物の有効性の検証に応用したりすることにつながると信じている。

　なお、遺伝子変異には、親から子に遺伝する遺伝性変異と、親にはなかった遺伝子変異が子どもに生じているという de novo 変異（孤発性変異）の2種類が存在する。後者は、精子や卵子の形成時に偶発的に起こるものと考えられており、ASDの発症にも関係すると考えられている（Mitra et al.,

2021）。これらについては、まだまだわかっていないことも多く、ASD に
対する de novo 変異の影響については今後研究を深めていく必要があるとい
える。

6.3　自閉スペクトラム症に関連するかもしれない遺伝子群

　遺伝家系の調査といった研究とマウスなどの動物モデルを用いた生物
学的な研究により、ASD 者で多く見られる遺伝子多型が数多く見つかっ
ており、今日では ASD に関係していそうな遺伝子の候補が数百以上にも
のぼる（Liu & Takumi, 2014; 中井・内匠, 2018）。個々の障害特性との
関連など詳細は、全てが明らかになっているわけではないものの、関連遺
伝子に対してデータベース化の取り組みが行われている。例えば、米国サ
イモン財団が開設している ASD ゲノム変異のデータベース SFARI Gene
（https://www.sfari.org/resource/sfari-gene/）では、これまでに登録された
候補遺伝子の情報をみることができる。エビデンスが強い順にカテゴリ 1
（high confidence）、カテゴリ 2（strong candidate）、カテゴリ 3（suggestive
evidence）に分けられており、関連する文献情報を探すこともできる。また
レット症候群など特定の疾患群と関連する症候性のものには「カテゴリ S」
のラベルがついている。

　これまでにわかった候補の遺伝子としては、神経発達や維持に関わるもの
に加えて、遺伝子の発現調節に関わる遺伝子が多いのが特徴である。神経発
達や維持に関わるものとしては、シナプスに関連した遺伝子が多く知られて
いる。神経細胞と神経細胞の間には、シナプスという構造があって、情報
伝達に欠かせない存在であるが、そのシナプス形成や維持に関わる遺伝子
（NLGN3, SHANK3 など）は、有力な ASD 関連遺伝子である（Durand et
al., 2007; Jamain et al., 2003）。それらの遺伝子を障害させたマウスのモデル
では、実際にシナプス構造の異常が観察され、ASD に近い行動特性（他の
マウスへの興味の欠失など）が観察されている（Peca et al., 2011; Tabuchi
et al., 2007）。一方、直接、シナプスなどの神経系の構造に関わる遺伝子や
神経構築に関わる遺伝子（細胞接着および細胞移動）だけでなく、遺伝子
の発現調節に関わるような遺伝子群（クロマチンリモデリング、転写制御

など）に対する変異も多く見つかっている（Iossifov et al., 2014; L. Liu et al., 2014）。例えば *FMR1, PTEN* といった遺伝子は、遺伝情報をタンパク質に翻訳する過程の調整に働いている遺伝子であるが、この変異により、ASDを引き起こすことが知られている（Fernandez et al., 2013; Tilot et al., 2015）。なお、*FMR1* は、脆弱X症候群の原因遺伝子でもあり、知的障害に加えて、多動性や自閉傾向を有するのが特徴である。さらに、ASDの関連遺伝子として最有力の1つである *CHD8* も、核内でDNAを納めるクロマチン構造を再構築する働き（クロマチンリモデリング）を通じて発生期の遺伝子発現調節に関与している。この遺伝子を障害させたマウスにおいても、社会行動の異常や不安行動の増大などASDに近い行動特性が報告されている（Katayama et al., 2016）。

　以上のように、ASDについては、システムレベルから分子レベルまで様々な仮説が提唱されている。いずれにしても、遺伝・環境要因にもとづく分子レベルの変化が神経回路レベルの変化を生み出し、それが認知メカニズムの変化、行動の変化へとつながっていることは間違いない。これまでの研究の結果、ASDに関して、遺伝的要因が大きいものの、薬物その他による環境要因も考えられること、そして環境要因としても、エピジェネティクスな修飾のように遺伝子への作用が関係する可能性が高いことなどがわかってきている。今日、生物科学や情報科学の進歩は目覚ましいものがあり、様々な段階でのASDに関する研究が進んでいくものと思われる。ASDに関して、現時点でははっきりしていないことも多く、支援や介入も手探り状態という状況ながら、今後の10年、20年で劇的な変化が起こるのではないかということが予想される。

参考文献

Alaerts, K., Swinnen, S. P., & Wenderoth, N. (2017). Neural processing of biological motion in autism: An investigation of brain activity and effective connectivity. *Sci Rep*, 7(1), 5612.

Aoki, Y., Watanabe, T., Abe, O., Kuwabara, H., Yahata, N., Takano, Y., . . . Yamasue,

H. (2015). Oxytocin's neurochemical effects in the medial prefrontal cortex underlie recovery of task-specific brain activity in autism: a randomized controlled trial. *Mol Psychiatry*, 20(4), 447–453.

Aoki, Y., Yahata, N., Watanabe, T., Takano, Y., Kawakubo, Y., Kuwabara, H., . . . Yamasue, H. (2014). Oxytocin improves behavioural and neural deficits in inferring others' social emotions in autism. *Brain*, 137(Pt 11), 3073–3086.

Asperger, H. (1944). Die „Autistischen Psychopathen" im Kindesalter. *Archiv f. Psychiatrie*, 117, 76–136.

Bailey, A., Le Couteur, A., Gottesman, I., Bolton, P., Simonoff, E., Yuzda, E., & Rutter, M. (1995). Autism as a strongly genetic disorder: evidence from a British twin study. *Psychol Med*, 25(1), 63–77.

Bailey, A., Luthert, P., Dean, A., Harding, B., Janota, I., Montgomery, M., . . . Lantos, P. (1998). A clinicopathological study of autism. *Brain*, 121 (Pt 5), 889–905.

Baron-Cohen, S. (1991). The development of a theory of mind in autism: deviance and delay? *Psychiatr Clin North Am*, 14(1), 33–51. Retrieved from https://www.ncbi. nlm.nih.gov/pubmed/2047331

Baron-Cohen, S. (2009). Autism: the empathizing-systemizing (E-S) theory. *Ann N Y Acad Sci*, 1156, 68–80.

Baron-Cohen, S., Ashwin, E., Ashwin, C., Tavassoli, T., & Chakrabarti, B. (2009). Talent in autism: hyper-systemizing, hyper-attention to detail and sensory hypersensitivity. *Philos Trans R Soc Lond B Biol Sci*, 364(1522), 1377–1383.

Baron-Cohen, S., & Hammer, J. (1997). Parents of Children with Asperger Syndrome: What is the Cognitive Phenotype? *J Cogn Neurosci*, 9(4), 548–554.

Baron-Cohen, S., Knickmeyer, R. C., & Belmonte, M. K. (2005). Sex differences in the brain: implications for explaining autism. *Science*, 310(5749), 819–823.

Baron-Cohen, S., Leslie, A. M., & Frith, U. (1985). Does the autistic child have a "theory of mind"? *Cognition*, 21(1), 37–46.

Baron-Cohen, S., Lombardo, M. V., Auyeung, B., Ashwin, E., Chakrabarti, B., & Knickmeyer, R. (2011). Why are autism spectrum conditions more prevalent in males? *PLoS Biol*, 9(6), e1001081.

Baron-Cohen, S., Richler, J., Bisarya, D., Gurunathan, N., & Wheelwright, S. (2003). The systemizing quotient: an investigation of adults with Asperger syndrome or high-functioning autism, and normal sex differences. *Philos Trans R Soc Lond B Biol Sci*, 358(1430), 361–374.

40

Baron-Cohen, S., Ring, H. A., Bullmore, E. T., Wheelwright, S., Ashwin, C., & Williams, S. C. (2000). The amygdala theory of autism. *Neurosci Biobehav Rev*, 24(3), 355–364.

Baron-Cohen, S., Ring, H. A., Wheelwright, S., Bullmore, E. T., Brammer, M. J., Simmons, A., & Williams, S. C. (1999). Social intelligence in the normal and autistic brain: an fMRI study. *Eur J Neurosci*, 11(6), 1891–1898.

Baron-Cohen, S., & Wheelwright, S. (2004). The empathy quotient: an investigation of adults with Asperger syndrome or high functioning autism, and normal sex differences. *J Autism Dev Disord*, 34(2), 163–175.

Bauman, M., & Kemper, T. L. (1985). Histoanatomic observations of the brain in early infantile autism. *Neurology*, 35(6), 866–874.

Ben-Ari, Y., Khalilov, I., Kahle, K. T., & Cherubini, E. (2012). The GABA excitatory/inhibitory shift in brain maturation and neurological disorders. *Neuroscientist*, 18(5), 467–486.

Bettelheim, B. (1967). The empty fortress : infantile autism and the birth of the self.: Free Press.

Billington, J., Baron-Cohen, S., & Bor, D. (2008). Systemizing influences attentional processes during the Navon task: an fMRI study. *Neuropsychologia*, 46(2), 511–520.

Buchen, L. (2011). Scientists and autism: When geeks meet. *Nature*, 479(7371), 25–27.

Campbell, D. B., Datta, D., Jones, S. T., Batey Lee, E., Sutcliffe, J. S., Hammock, E. A., & Levitt, P. (2011). Association of oxytocin receptor (OXTR) gene variants with multiple phenotype domains of autism spectrum disorder. *J Neurodev Disord*, 3(2), 101–112.

Cochran, D. M., Sikoglu, E. M., Hodge, S. M., Edden, R. A., Foley, A., Kennedy, D. N., . . . Frazier, J. A. (2015). Relationship among Glutamine, gamma-Aminobutyric Acid, and Social Cognition in Autism Spectrum Disorders. *J Child Adolesc Psychopharmacol*, 25(4), 314–322.

Courchesne, E., Carper, R., & Akshoomoff, N. (2003). Evidence of brain overgrowth in the first year of life in autism. *JAMA*, 290(3), 337–344.

Courchesne, E., Mouton, P. R., Calhoun, M. E., Semendeferi, K., Ahrens-Barbeau, C., Hallet, M. J., . . . Pierce, K. (2011). Neuron number and size in prefrontal cortex of children with autism. *JAMA*, 306(18), 2001–2010.

Courchesne, E., Pierce, K., Schumann, C. M., Redcay, E., Buckwalter, J. A., Kennedy, D. P., & Morgan, J. (2007). Mapping early brain development in autism. *Neuron*,

56(2), 399–413.

Dapretto, M., Davies, M. S., Pfeifer, J. H., Scott, A. A., Sigman, M., Bookheimer, S. Y., & Iacoboni, M. (2006). Understanding emotions in others: mirror neuron dysfunction in children with autism spectrum disorders. *Nat Neurosci*, 9(1), 28–30.

de Giambattista, C., Ventura, P., Trerotoli, P., Margari, M., Palumbi, R., & Margari, L. (2019). Subtyping the Autism Spectrum Disorder: Comparison of Children with High Functioning Autism and Asperger Syndrome. *J Autism Dev Disord*, 49(1), 138–150.

Devlin, B., Cook, E. H., Jr., Coon, H., Dawson, G., Grigorenko, E. L., McMahon, W., . . . Network, C. G. (2005). Autism and the serotonin transporter: the long and short of it. *Mol Psychiatry*, 10(12), 1110–1116.

di Pellegrino, G., Fadiga, L., Fogassi, L., Gallese, V., & Rizzolatti, G. (1992). Understanding motor events: a neurophysiological study. *Exp Brain Res*, 91(1), 176–180.

Durand, C. M., Betancur, C., Boeckers, T. M., Bockmann, J., Chaste, P., Fauchereau, F., . . . Bourgeron, T. (2007). Mutations in the gene encoding the synaptic scaffolding protein SHANK3 are associated with autism spectrum disorders. *Nat Genet*, 39(1), 25–27.

Fatemi, S. H., Halt, A. R., Realmuto, G., Earle, J., Kist, D. A., Thuras, P., & Merz, A. (2002). Purkinje cell size is reduced in cerebellum of patients with autism. *Cell Mol Neurobiol*, 22(2), 171–175.

Fernandez, E., Rajan, N., & Bagni, C. (2013). The FMRP regulon: from targets to disease convergence. *Front Neurosci*, 7, 191.

Gaetz, W., Bloy, L., Wang, D. J., Port, R. G., Blaskey, L., Levy, S. E., & Roberts, T. P. (2014). GABA estimation in the brains of children on the autism spectrum: measurement precision and regional cortical variation. *Neuroimage*, 86, 1–9.

Gervais, H., Belin, P., Boddaert, N., Leboyer, M., Coez, A., Sfaello, I., . . . Zilbovicius, M. (2004). Abnormal cortical voice processing in autism. *Nat Neurosci*, 7(8), 801–802.

Geschwind, D. H., & Levitt, P. (2007). Autism spectrum disorders: developmental disconnection syndromes. *Curr Opin Neurobiol*, 17(1), 103–111.

Gogolla, N., Leblanc, J. J., Quast, K. B., Sudhof, T. C., Fagiolini, M., & Hensch, T. K. (2009). Common circuit defect of excitatory-inhibitory balance in mouse models of autism. *J Neurodev Disord*, 1(2), 172–181.

Gray, H. M., Gray, K., & Wegner, D. M. (2007). Dimensions of mind perception. *Sci-*

ence, 315(5812), 619.

Grossman, E., Donnelly, M., Price, R., Pickens, D., Morgan, V., Neighbor, G., & Blake, R. (2000). Brain areas involved in perception of biological motion. *J Cogn Neurosci*, 12(5), 711–720.

Guo, K., Nevado, A., Robertson, R. G., Pulgarin, M., Thiele, A., & Young, M. P. (2004). Effects on orientation perception of manipulating the spatio-temporal prior probability of stimuli. *Vision Res*, 44(20), 2349–2358.

Hahamy, A., Behrmann, M., & Malach, R. (2015). The idiosyncratic brain: distortion of spontaneous connectivity patterns in autism spectrum disorder. *Nat Neurosci*, 18(2), 302–309.

Hallmayer, J., Cleveland, S., Torres, A., Phillips, J., Cohen, B., Torigoe, T., . . . Risch, N. (2011). Genetic heritability and shared environmental factors among twin pairs with autism. *Arch Gen Psychiatry*, 68(11), 1095–1102.

Happe, F., & Frith, U. (2006). The weak coherence account: detail-focused cognitive style in autism spectrum disorders. *J Autism Dev Disord*, 36(1), 5–25.

Hollander, E., Novotny, S., Hanratty, M., Yaffe, R., DeCaria, C. M., Aronowitz, B. R., & Mosovich, S. (2003). Oxytocin infusion reduces repetitive behaviors in adults with autistic and Asperger's disorders. *Neuropsychopharmacology*, 28(1), 193–198.

Iacoboni, M., & Dapretto, M. (2006). The mirror neuron system and the consequences of its dysfunction. *Nat Rev Neurosci*, 7(12), 942–951.

Iacoboni, M., Woods, R. P., Brass, M., Bekkering, H., Mazziotta, J. C., & Rizzolatti, G. (1999). Cortical mechanisms of human imitation. *Science*, 286(5449), 2526–2528.

Iossifov, I., O'Roak, B. J., Sanders, S. J., Ronemus, M., Krumm, N., Levy, D., . . . Wigler, M. (2014). The contribution of de novo coding mutations to autism spectrum disorder. *Nature*, 515(7526), 216–221.

Ishimoto, Y., Yamane, T., & Matsumoto, Y. (2019). Anxiety Levels of Children with Developmental Disorders in Japan: Based on Reports Provided by Parents. *J Autism Dev Disord*, 49(9), 3898–3905.

Jamain, S., Quach, H., Betancur, C., Rastam, M., Colineaux, C., Gillberg, I. C., . . . Paris Autism Research International Sibpair, S. (2003). Mutations of the X-linked genes encoding neuroligins NLGN3 and NLGN4 are associated with autism. *Nat Genet*, 34(1), 27–29.

Jolliffe, T., & Baron-Cohen, S. (1997). Are people with autism and Asperger syndrome faster than normal on the Embedded Figures Test? *J Child Psychol Psychiatry*,

38(5), 527–534.

Just, M. A., Cherkassky, V. L., Keller, T. A., & Minshew, N. J. (2004). Cortical activation and synchronization during sentence comprehension in high-functioning autism: evidence of underconnectivity. *Brain*, 127(Pt 8), 1811–1821.

Kahle, K. T., Khanna, A. R., Duan, J., Staley, K. J., Delpire, E., & Poduri, A. (2016). The KCC2 Cotransporter and Human Epilepsy: Getting Excited About Inhibition. *Neuroscientist*, 22(6), 555–562.

Kanner, L. (1943). Autistic disturbances of affective contact. *Nervous Child*, 2, 217–250.

Kanner, L. (1949). Problems of nosology and psychodynamics of early infantile autism. *Am J Orthopsychiatry*, 19(3), 416–426.

Karaminis, T., Cicchini, G. M., Neil, L., Cappagli, G., Aagten-Murphy, D., Burr, D., & Pellicano, E. (2016). Central tendency effects in time interval reproduction in autism. *Sci Rep*, 6, 28570.

Katayama, Y., Nishiyama, M., Shoji, H., Ohkawa, Y., Kawamura, A., Sato, T., . . . Nakayama, K. I. (2016). CHD8 haploinsufficiency results in autistic-like phenotypes in mice. *Nature*, 537(7622), 675–679.

Klin, A., Lin, D. J., Gorrindo, P., Ramsay, G., & Jones, W. (2009). Two-year-olds with autism orient to non-social contingencies rather than biological motion. *Nature*, 459(7244), 257–261.

Kording, K. P., Ku, S. P., & Wolpert, D. M. (2004). Bayesian integration in force estimation. *J Neurophysiol*, 92(5), 3161–3165.

Kording, K. P., & Wolpert, D. M. (2004). Bayesian integration in sensorimotor learning. *Nature*, 427(6971), 244–247.

Kosfeld, M., Heinrichs, M., Zak, P. J., Fischbacher, U., & Fehr, E. (2005). Oxytocin increases trust in humans. *Nature*, 435(7042), 673–676.

Lee, R. R., Ward, A. R., Lane, D. M., Aman, M. G., Loveland, K. A., Mansour, R., & Pearson, D. A. (2021). Executive Function in Autism: Association with ADHD and ASD Symptoms. *J Autism Dev Disord*.

Liu, L., Lei, J., Sanders, S. J., Willsey, A. J., Kou, Y., Cicek, A. E., . . . Roeder, K. (2014). DAWN: a framework to identify autism genes and subnetworks using gene expression and genetics. *Mol Autism*, 5(1), 22.

Liu, X., Kawashima, M., Miyagawa, T., Otowa, T., Latt, K. Z., Thiri, M., . . . Sasaki, T. (2015). Novel rare variations of the oxytocin receptor (OXTR) gene in autism spectrum disorder individuals. *Hum Genome Var*, 2, 15024.

Liu, X., & Takumi, T. (2014). Genomic and genetic aspects of autism spectrum disorder. *Biochem Biophys Res Commun*, 452(2), 244–253.

Fitzgerald, R. T., Furnier, S. M., & Hughes, M. M. (2023). Prevalence and characteristics of autism spectrum disorder among children aged 8 years—Autism and Developmental Disabilities Monitoring Network, 11 sites, United States, 2020. *MMWR Surveillance Summaries*, 72(2), 1.

Markram, K., & Markram, H. (2010). The intense world theory - a unifying theory of the neurobiology of autism. *Front Hum Neurosci*, 4, 224.

Maenner MJ, Warren Z, Williams AR, et al. Prevalence and Characteristics of Autism Spectrum Disorder Among Children Aged 8 Years—Autism and Developmental Disabilities Monitoring Network, 11 Sites, United States, 2020. MMWR Surveill Summ 2023, 72 (No.SS-2): 1–14.

Miyazaki, M., Yamamoto, S., Uchida, S., & Kitazawa, S. (2006). Bayesian calibration of simultaneity in tactile temporal order judgment. *Nat Neurosci*, 9(7), 875–877.

Nagai, Y., & Asada, M. (2015). Predictive Learning of Sensorimotor Information as a Key for Cognitive Development. Paper presented at the Proceedings of the IROS 2015 Workshop on Sensorimotor Contingencies for Robotics.

Nagasawa, M., Okabe, S., Mogi, K., & Kikusui, T. (2012). Oxytocin and mutual communication in mother-infant bonding. *Front Hum Neurosci*, 6, 31.

Nakamura, K., Sekine, Y., Ouchi, Y., Tsujii, M., Yoshikawa, E., Futatsubashi, M., . . . Mori, N. (2010). Brain serotonin and dopamine transporter bindings in adults with high-functioning autism. *Arch Gen Psychiatry*, 67(1), 59–68.

Nakano, T., Ota, H., Kato, N., & Kitazawa, S. (2010). Deficit in visual temporal integration in autism spectrum disorders. *Proc Biol Sci*, 277(1684), 1027–1030.

Nakatani, J., Tamada, K., Hatanaka, F., Ise, S., Ohta, H., Inoue, K., . . . Takumi, T. (2009). Abnormal behavior in a chromosome-engineered mouse model for human 15q11–13 duplication seen in autism. *Cell*, 137(7), 1235–1246.

Navon, D. (1977). Forest before trees: The precedence of global features in visual perception. *Cognitive Psychology*, 9(3), 353–383.

O'Nions, E., Sebastian, C. L., McCrory, E., Chantiluke, K., Happe, F., & Viding, E. (2014). Neural bases of Theory of Mind in children with autism spectrum disorders and children with conduct problems and callous-unemotional traits. *Dev Sci*, 17(5), 786–796.

Ochs, I., & Solomon, O. (2010). Autistic Sociality. *Ethos*, 38(1), 69–92.

Owada, K., Okada, T., Munesue, T., Kuroda, M., Fujioka, T., Uno, Y., . . . Yamasue, H. (2019). Quantitative facial expression analysis revealed the efficacy and time course of oxytocin in autism. *Brain*, 142(7), 2127–2136.

Ozonoff, S., Pennington, B. F., & Rogers, S. J. (1991). Executive function deficits in high-functioning autistic individuals: relationship to theory of mind. *J Child Psychol Psychiatry, 32(7), 1081–1105.*

Peca, J., Feliciano, C., Ting, J. T., Wang, W., Wells, M. F., Venkatraman, T. N., . . . Feng, G. (2011). Shank3 mutant mice display autistic-like behaviours and striatal dysfunction. *Nature*, 472(7344), 437–442.

Pellicano, E., & Burr, D. (2012). When the world becomes 'too real': a Bayesian explanation of autistic perception. *Trends Cogn Sci*, 16(10), 504–510.

Puts, N. A. J., Wodka, E. L., Harris, A. D., Crocetti, D., Tommerdahl, M., Mostofsky, S. H., & Edden, R. A. E. (2017). Reduced GABA and altered somatosensory function in children with autism spectrum disorder. *Autism Res*, 10(4), 608–619.

Rilling, J. K., & Young, L. J. (2014). The biology of mammalian parenting and its effect on offspring social development. *Science*, 345(6198), 771–776.

Ritvo, E. R., Freeman, B. J., Scheibel, A. B., Duong, T., Robinson, H., Guthrie, D., & Ritvo, A. (1986). Lower Purkinje cell counts in the cerebella of four autistic subjects: initial findings of the UCLA-NSAC Autopsy Research Report. *Am J Psychiatry*, 143(7), 862–866.

Rizzolatti, G., & Fabbri-Destro, M. (2008). The mirror system and its role in social cognition. *Curr Opin Neurobiol*, 18(2), 179–184.

Rizzolatti, G., & Fabbri-Destro, M. (2010). Mirror neurons: from discovery to autism. Exp Brain Res, 200(3–4), 223–237.

Rizzolatti, G., Fabbri-Destro, M., & Cattaneo, L. (2009). Mirror neurons and their clinical relevance. *Nat Clin Pract Neurol*, 5(1), 24–34.

Rizzolatti, G., Fadiga, L., Gallese, V., & Fogassi, L. (1996). Premotor cortex and the recognition of motor actions. *Brain Res Cogn Brain Res*, 3(2), 131–141.

Rojas, D. C., Singel, D., Steinmetz, S., Hepburn, S., & Brown, M. S. (2014). Decreased left perisylvian GABA concentration in children with autism and unaffected siblings. *Neuroimage*, 86, 28–34.

Rubenstein, J. L., & Merzenich, M. M. (2003). Model of autism: increased ratio of excitation/inhibition in key neural systems. *Genes Brain Behav*, 2(5), 255–267.

Saxe, R. R., Whitfield-Gabrieli, S., Scholz, J., & Pelphrey, K. A. (2009). Brain regions for perceiving and reasoning about other people in school-aged children. *Child Dev*, 80(4), 1197–1209.

Senju, A., Southgate, V., White, S., & Frith, U. (2009). Mindblind eyes: an absence of spontaneous theory of mind in Asperger syndrome. *Science*, 325(5942), 883–885.

Sinha, P., Kjelgaard, M. M., Gandhi, T. K., Tsourides, K., Cardinaux, A. L., Pantazis, D., . . . Held, R. M. (2014). Autism as a disorder of prediction. *Proc Natl Acad Sci U S A*, 111(42), 15220- 15225.

Tabuchi, K., Blundell, J., Etherton, M. R., Hammer, R. E., Liu, X., Powell, C. M., & Sudhof, T. C. (2007). A neuroligin-3 mutation implicated in autism increases inhibitory synaptic transmission in mice. *Science*, 318(5847), 71–76.

Tamada, K., Tomonaga, S., Hatanaka, F., Nakai, N., Takao, K., Miyakawa, T., . . . Takumi, T. (2010). Decreased exploratory activity in a mouse model of 15q duplication syndrome; implications for disturbance of serotonin signaling. *PLoS One*, 5(12), e15126.

Taylor, L. E., Swerdfeger, A. L., & Eslick, G. D. (2014). Vaccines are not associated with autism: an evidence-based meta-analysis of case-control and cohort studies. *Vaccine*, 32(29), 3623–3629.

Tilot, A. K., Frazier, T. W., 2nd, & Eng, C. (2015). Balancing Proliferation and Connectivity in PTEN-associated Autism Spectrum Disorder. *Neurotherapeutics*, 12(3), 609–619.

Umesawa, Y., Matsushima, K., Atsumi, T., Kato, T., Fukatsu, R., Wada, M., & Ide, M. (2020). Altered GABA Concentration in Brain Motor Area Is Associated with the Severity of Motor Disabilities in Individuals with Autism Spectrum Disorder. *J Autism Dev Disord*, 50(8), 2710–2722.

Wada, M., Umesawa, Y., Sano, M., Tajima, S., Kumagaya, S., & Miyazaki, M. (2022). Weakened Bayesian Calibration for Tactile Temporal Order Judgment in Individuals with Higher Autistic Traits. *J Autism Dev Disord*.

Walum, H., & Young, L. J. (2018). The neural mechanisms and circuitry of the pair bond. Nat Rev *Neurosci*, 19(11), 643–654.

Watanabe, T., Abe, O., Kuwabara, H., Yahata, N., Takano, Y., Iwashiro, N., . . . Yamasue, H. (2014). Mitigation of sociocommunicational deficits of autism through oxytocin-induced recovery of medial prefrontal activity: a randomized trial. *JAMA Psychiatry*, 71(2), 166–175.

Watanabe, T., Kuroda, M., Kuwabara, H., Aoki, Y., Iwashiro, N., Tatsunobu, N., . . .

Yamasue, H. (2015). Clinical and neural effects of six-week administration of oxytocin on core symptoms of autism. *Brain*, 138(Pt 11), 3400–3412.

Watanabe, T., Otowa, T., Abe, O., Kuwabara, H., Aoki, Y., Natsubori, T., . . . Yamasue, H. (2017). Oxytocin receptor gene variations predict neural and behavioral response to oxytocin in autism. *Soc Cogn Affect Neurosci*, 12(3), 496–506.

Wegiel, J., Kuchna, I., Nowicki, K., Imaki, H., Wegiel, J., Marchi, E., . . . Wisniewski, T. (2010). The neuropathology of autism: defects of neurogenesis and neuronal migration, and dysplastic changes. *Acta Neuropathol*, 119(6), 755–770.

Weintraub, K. (2011). The prevalence puzzle: Autism counts. *Nature*, 479(7371), 22–24.

Williams, R. S., Hauser, S. L., Purpura, D. P., DeLong, G. R., & Swisher, C. N. (1980). Autism and mental retardation: neuropathologic studies performed in four retarded persons with autistic behavior. *Arch Neurol*, 37(12), 749–753.

Wimmer, H., & Perner, J. (1983). Beliefs about beliefs: representation and constraining function of wrong beliefs in young children's understanding of deception. *Cognition*, 13(1), 103–128.

Wing, L. (1997). The autistic spectrum. Lancet, 350(9093), 1761–1766.

Yamasue, H., Okada, T., Munesue, T., Kuroda, M., Fujioka, T., Uno, Y., . . . Kosaka, H. (2020). Effect of intranasal oxytocin on the core social symptoms of autism spectrum disorder: a randomized clinical trial. *Mol Psychiatry*, 25(8), 1849–1858.

Yizhar, O., Fenno, L. E., Prigge, M., Schneider, F., Davidson, T. J., O'Shea, D. J., . . . Deisseroth, K. (2011). Neocortical excitation/inhibition balance in information processing and social dysfunction. *Nature*, 477(7363), 171–178.:

永澤美保，岡部祥太，茂木一孝，菊水健史(2013)「オキシトシン神経系を中心とした母子間の絆形成システム」『動物心理学研究』63(1)，47–63.

三宅邦夫，久保田健夫(2015)「発達障害のエピジェネティクス病態の最新理解」『日本生物学的精神医学会誌』26(1)，21–25.

篠田陽，定方哲史，林周宏，古市貞一(2009)「自閉症の感受性候補遺伝子と動物モデル」『脳と精神の医学』20(4)，303–310.

中井信裕，内匠透 (2018)「自閉症の分子メカニズム」『生化学』90(4)，462–477.

第 2 章
ASD の言語の問題

幕内充

　本章では自閉スペクトラム障害（Autism Spectrum Disorder, ASD）の言語障害について最初期から最近までの研究成果を概観する。はじめにカナーによる世界初の ASD に関する報告論文から、言語に関する記述をみていく。カナーの観察は細部が豊かで今日でも新鮮であり、特に言語障害についての洞察は慧眼という他ない。ついで、ほぼ同時期に発表されたアスペルガーによる ASD の報告の言語に関する部分を紹介する。アスペルガーの論文も味わい深い名著で、古典として読み継いでいく価値がある。続いて現在までの ASD の言語障害の研究の主要な論点を整理する。カナーが詳述したように、ASD の言語は統語及び意味論のレベルではほぼ正常で、語用論のレベルに障害があると考えられている。ただし、多少統語的障害が存在し、その誤り方のパターンが特異的言語障害（Specific Language Impairment, SLI）に似ているという意見も存在する。続いて比較的最近登場した脳機能画像法による ASD の研究成果を言語メカニズムの観点から整理する。最後に、ASD の言語研究の意義について、ASD の言語コミュニケーション障害に対する理解だけでなく、ヒト言語そのものに対する理解を深める可能性を秘めていることを述べてこの章を閉じる。

1. カナーによる ASD の報告論文（1943,1946）

　1943 年、医学論文として初めて ASD を報告したジョン・ホプキンス大学教授のレオ・カナーは、11 人の小児の「奇妙な」振る舞いについての詳しい観察から「自閉障害」（autistic disturbances）という本質的な共通特性を抽出した（Kanner, 1943）。これらの児童はそれまで小児統合失調症あるいは精神発達遅滞と診断されたり、他人への無関心、反応の欠如から聾あるいは難聴であると思われていた。この 11 人中のうち 8 人が言葉を喋り、残り 3 人は喋ることができなかった。話ができる子供たちは話し始めるのは遅いけれども、その発音は明瞭で文は文法的だった。たとえば名詞の複数形や動詞の時制は正しく使われていた。しかし、受け答えが見当違いで不適切であり、相手を見ず、ジェスチャーもしない。記憶力がよく、詩句や動植物の名をよく言えるのに対し、コミュニケーションのための言語使用がほとんどない。文が言えるようになってからもオウム返し（エコラリア）がしばしばあり、その場でのオウム返しの他、時間が経った後で言うこともある。（遅延エコラリア）。

　カナーは ASD の奇妙な言語について、各患児の具体的な例を詳しく記載した。たとえば一般的に同意を意味する yes（はい）という語の習得に時間がかかったドナルド T のエピソードである。彼は肩車をしてほしいかという父の問いに "yes" と答えると肩車をしてもらえたので、その後彼は "yes" という言葉を、肩車をしてほしいという意味で使うようになった。彼が "yes" を特定の文脈から切り離し、一般的な肯定語として使えるようになるまで時間がかかった。同じように、フレデリック W という患児はプレゼントをもらった時「ありがとう」ではなく、「「ありがとう」と言いなさい。」と言っていたそうである。定型発達児の語彙獲得では状況から音と意味の対応を推測するので、これらのエピソードは ASD 児では状況を認識する語用論的能力が障害されている可能性を示している。牛乳が欲しいとき「牛乳をあげましょう。」と母親が言う文をそのまま使う子供は、自分を you と呼び相手を I と呼ぶ、人称代名詞の逆転も起こしていたそうである。

　1946 年に出版した 2 報目の論文で、カナーは ASD を研究する上で重要

で価値あるものとして 23 人の ASD 児の言語の問題を詳しく報告している
（Kanner, 1946）。カナーはまず簡単に ASD 児の言語の特徴を列挙した。23
人中 8 人が喋らなかった。しかし極めてまれであるが、喋らない子供も緊急
時に文を発することがある。また、不快な事象に対する魔法の言葉として否
定文を発する。同義語や同じ意味を表す他の表現を受け入れない。両親が子
供を聾ではないかと疑うほど呼びかけに反応しない。エコラリア（オウム返
し）的な句の復唱。自分を you と呼び、話し相手を I と呼ぶ特徴的な人称代
名詞の逆転。こういった普遍的特徴にふれた後、「無意味」「愚か」「一貫性
がない」「脈絡がない」などとの印象を与える ASD 児の発言が、実はその子
供にとっては個人的な意味があると解釈される例をカナーは紹介している。

　5 歳のポール G は診察中に「犬をバルコニーから投げてはいけない。」と
言ったが、そこには犬もバルコニーもないので奇妙に聞こえた。しかし 3 年
前にロンドンのホテルで玩具の犬をバルコニーから投げたことがあり、その
時母は何度も玩具の犬を拾いに行くことに疲れて、多少のいらだちを込めて
「犬をバルコニーから投げてはいけない。」と言ったそうである。その日以
来、彼は何かを投げたくなるとこのセリフを言って自分を戒めていたのだそ
うである。また彼は「ピーター、食べる子」と意味が不明な句を発するので
あるが、これは 2 歳の時に母親が片手鍋を落としたときに歌っていた童謡の
一部「♪ピーター、ピーター、カボチャを食べる子♪」から来ているらしい
のである。それ以来彼は片手鍋に似ているものを見るたび「ピーター、食べ
る子」と唱えるようになったそうである。ドナルド T は 5 歳の時、クレヨ
ンで絵を描きながら確信をもって「アネットとセシルを混ぜると紫になる。」
と言い続けていた。これは自分の家に 5 本の絵の具があって、それぞれの
絵の具を当時有名だったディオンヌ家の五つ子[1]の名前で呼んでいたのであ
る。ちなみにアネットは青、セシルは赤だった。この様に、ASD 児の奇妙
な語彙は個人的な置き換えによるものと解釈できたのである。一般的な用法
として香水やワインといった普通名詞を商品名で代用する比喩的な名前を使

1　1934年5月28日カナダに生まれたイヴォンヌ、アネット、セシル、エミリー、マリ
　ーからなる五つ子姉妹。当時社会から大変な注目を集めた。

うことがあるが、それが個人的なため本人以外には理解されないのである。

2. アスペルガーによる ASD の報告論文（1944）

　オーストリアのアスペルガーはカナーとほぼ同時期に Die „Autistischen Psychopathen" im Kindesalter（小児期の自閉的精神病質）というタイトルで知能の高い ASD について報告したが（Asperger 1944）、ドイツ語で書かれた、ナチス時代のウイーン大学小児科からの論文であるということもありロンドンの Institnte of Psychiatry のウィングがアスペルガー症候群として紹介した 1981 年まで多くの人に知られずにいた（Wing 1981）。カナーが報告した自閉症とアスペルガーが報告した自閉的精神病質が同じ障害ではないという意見が優勢な時もあったが、現在では両者は自閉スペクトラム症という概念に統合されている。この論文は 2000 年に邦訳が出版されており、日本語で読むことができる（詫摩・高木，2000）。現代の医学論文とは異なり、初めに長々とした抽象的な導入があるが、その後に続く 4 人の患児の詳細な描写は特筆すべき素晴らしさである。それぞれの子供の様子を冷徹な科学的観察と人間的な暖かさを両立させて見事に記述しており、時と空間を超えてその子供の存在を確かに感じさせる。障害だけを切り取って提示するのではなく、その子供を人間として表現するその筆の力は第一級の文学者のものである。なぜこのように驚くべき論文が書かれたのかという問いが自然に生まれるが、アスペルガーはグリルパルツァーを愛読する、高い言語能力に恵まれた ASD だったそうである（Lyons & Fitzgerald 2007）。ただ手放しに彼を賞賛することは躊躇われる。医学史の研究者はナチスへ協力的であったアスペルガーが障害児の安楽死などへ関与したことを厳しく追及している（Czech, 2018）。アスペルガーの論文は特に言語に注目しているわけではないので、言語に関係した記述は以下に紹介するように多くはない。

　フリッツ V、6 歳。　小学校入学初日に「全く教育不可能」と言い渡された。10ヶ月で言葉を話し始め、すぐに大人のように喋るようになった。声はか細く高く、抑揚も普通ではない。質問に対して答えない。おうむ返しをよくする。字を書くことは困難であるが、数唱は 6 桁まで出来た。教えられ

ることなく計算が出来た。分数の計算もできた。

　ハロ L、8 歳。規則を守らない。声は低い。読解能力は高いが書字能力は低い。本をよく読む。書写は書き取りより間違いが多い。算数の計算は得意だが、自己流の解き方だった。

　エルンスト K、7 歳。話し始めるのは 1 歳半と遅かったが、現在では大人のようによく話す。小さい時からしつけに従わない。入学前から数えることができ、字も知っていた。声は高く、鼻にかかっている。問わず語りに話し続ける。人の話の途中で質問をする。

　ヘルムート L、2 歳の終わり頃に急速に言葉が発達し、大人のように話すようになった。話し方は賢そうで、相手が誰であっても詩語や新造語を使う。

3．ASD の言語の特徴

　カナーの報告より始まった ASD の研究は近年の ASD 者の増加（第 1 章参照）や社会の関心の高まりを受け質・量ともに拡大している。この章では ASD の言語に関するカナー以降の研究についての成果をまとめる。

3.1　発達の遅れ

　まず ASD 児のうち、知的障害を伴う子供は 66.7%（Chakrabarti & Fombonne, 2005）、日頃 3 語以上の文を話さない子供は 69.2%（Chakrabarti & Fombonne, 2001）という推定に注意されたい。話すことが出来ない原因はいろいろあるだろうが、発話や音読は困難なのにキーボードを使うことで文を産出できる ASD 者（東田, 2017）の例もあるので、構音運動の神経障害が発話を阻害している場合もあると思われる。ASD 児の親は子供の言語の遅れから発達を心配するようになる（Short & Schopler, 1988）。ほとんどの ASD 児は定型発達児に比べ話し始めが遅く、発達もゆっくりである。1 歳ぐらいから自分の名前や話しかけ、あるいは母親の声への反応が少ないという異常が現れる。1 歳から 1 歳半の間に獲得した数語をその後失ってしまう ASD 児も 25% いる（Kurita, 1985）。この言語能力の後退は ASD に特有の現象であり、そのような幼児は語彙だけでなく、社会的スキルも喪

失するそうである。就学前及びそれ以降の模倣や共同注意などの社会的スキルの使用頻度が、その後の ASD 児の言語獲得の良い指標となるという研究もある（Charman et al., 2003）。また、ASD 児は象徴遊びが苦手であり（Baron-Cohen, 1987）、その程度が言語能力の低さと関連している（Ricks & Wing, 1975, Ungerer & Sigman, 1981）という研究があるが、これは言語と象徴遊びがともに記号操作能力に依るからだと説明されている（McCune-Nicolich, 1981, Piaget, 2013）。言語発達の遅れのある精神障害は他にもあるし、言語の遅れを考慮せずにも ASD の診断はつく。しかしそれでも話すことができる（高機能）ASD 成人においては言語発達の遅れの既往が ASD とその他の精神疾患との鑑別に有用なのである（Lord & Venter, 1992）。アスペルガー症候群では言語の遅れはなく、饒舌な場合すらあるが、社会性やコミュニケーションには障害がある。

3.2　表出能力・理解能力・エコラリア

多くの ASD 児や成人 ASD 者に、言われたことが理解できない、独り言が多い、敬意を表現できない、関係のないことを言う、即物的思考、などが見られる（Baltaxe, 1977, Rumsey et al., 1985）。1 歳から 20 歳の ASD の子供と若者の言語の表出と理解能力を調べた 74 の報告のメタ分析によると、表出・理解共に TD より 1.5SD 低い（下位 7% に入る）成績だった（Kwok et al., 2015）。一般に ASD では発話に比べ理解がより障害されている傾向が認められている（Tager-Flusberg, 1981a）。既にカナーの論文（Kanner, 1943）の例で引用したが他の人の言ったことをおうむ返しすることを指す言語障害、エコラリア（反響言語）は失語症など脳の器質性障害でも出現するものであるが、ASD で顕著である。その場で言うこともあれば、後で、たとえば寝る前に言うこともある。質問や命令が理解できない時にエコラリアが出現しやすいことも分かっている（Carr et al., 1975）。

3.3　音韻論

プロソディーとは文節より大きな単位の音声特性で、単語や文の意味を修飾したり強調したりする機能を持つ。プロソディーには統語的・語用論

的・情動的の 3 つがある。このうち、後者 2 つが ASD で障害されていると考えられている（Paul et al., 2005）。ASD 者の発話のプロソディーの異常はカナーによる最初の論文（Kanner, 1943）をはじめとして、報告が多くある（Tager-Flusberg, 1981a）。構音は正常だけれどプロソディーに異常があるのが ASD の音声の特徴である。抑揚のない、平板な一本調子のプロソディーが最も多いようである（Schuler & Fay, 1980）。またささやき声であったり甲高い声であったりという特徴もある。（Pronovost et al., 1966）。ASD 者の47% にプロソディーの異常があり、そのプロソディーの異常の程度は、社会的コミュニケーション・スキルと有意な相関があったという（Paul et al., 2005）。アスペルガー症候群のプロソディーの特徴を調べた研究では、3 分の 1 に構音の問題が、3 分の 2 に統語的・語用論的・情動的プロソディーの異常が見出されたということである（Shriberg et al., 2001）。

3.4　語彙

　Targer-Flusberg は、ASD 児は認知状態を表す心理動詞「知る」「考える」「覚える」「ふりをする」などをほとんど使用しないことを報告している（Tager-Flusberg, 1992）。カナーが報告したように、他人には通じない、自分にしか分からない「比喩的」な表現を用いて物事を表現する（Kanner, 1946）。高機能 ASD 児やアスペルガー症候群ではしばしば衒学的、あるいは過剰な正確さで具体的に話す場合があるが（Ghaziuddin & Gerstein, 1996）、使用する語の意味を正確に理解しているわけではない。

3.5　読字

　ASD 児は文字や数字に関心を持っており、習う前に読めるようになる児童もいる（Loveland & Tunali-Kotoski, 2005）。上記の衒学的言葉遣いに通ずるものであるが、ASD の 5-10% は読字能力が異常に優れている過読症（hyperlexia）という状態である（Grigorenko et al., 2003）。過読症は語を読むことは得意であるが、内容の理解は苦手である。

3.6 統語論・意味論

　ASD の統語は特に問題はないと考えられてきた（Tager-Flusberg et al., 1990）。Tager-Flusberg はピーボディー絵画語彙テストとレーヴン色彩マトリックス検査の成績で統制したアメリカの 3–4 歳の定型発達児と ASD 児の文理解の比較を行った。文は能動態と受動態のどちらかで、事象の起りやすさに「起こりやすい（例：トラックが箱を運んだ）」、「普通（例：男の子が女の子を押した）」、「起こりにくい（例：箱がトラックを運んだ）」の 3 段階のレベルを設定した。被験児は机の上にある玩具を使って、検査者の言った文の指示する事態を演じた。ASD 児は定型発達児より成績が低かったのであるが、文理解に語順情報（例：行為者―動詞―対象）は使えても、事象の起りやすさ（例：「女の子が赤ちゃんを抱いている」＞「赤ちゃんが女の子を抱いている」）という知識を利用できなかった（Tager-Flusberg, 1981b）。統語は正常であるが、意味論あるいは語用論に問題があることを示唆する結果である。

3.7 ASD の言語障害は特異的言語発達障害と同じであるか

　ASD の中に言語障害のプロフィールが特異的言語障害（Specific Language Impairment, SLI）のそれと似ている群が存在するという指摘がある（Bartak, et al., 1975, Kjelgaard & Tager-Flusberg, 2001, Tager-Flusberg & Joseph 2003, Roberts et al., 2004, Tager-Flusberg, 2004）。SLI とは、知能・感覚・運動に問題がないのに言語のみに問題を呈する発達障害である（Joanisse & Seidenberg, 1998）。SLI には ASD のような社会性の障害はない。SLI で特に目立つ特徴は英語では屈折接辞 -ed、ing や機能語 the、a、do などの脱落、文の単純化、といった統語障害である。理解は比較的良いのであるが、やはり複雑な文になると理解は難しい。これらの特徴はブローカ失語に似ている。欧米に比べ日本では研究がまだそれほど進んでいないが、日本語でのSLI 研究では助動詞・助詞・時制辞・アスペクト辞の産出に問題があるという福田の報告がある（福田，2014）。ASD と SLI の言語障害の様子が似ているということが何を意味するのかはっきりとしたことはわからないが、語用論の障害は SLI では特段指摘されていない。

3.8 語用論

ASDの言語の問題では、語用論的側面の障害がもっとも顕著であると考えられている（Tager-Flusberg, 1981, Wilkinson, 1998）。実際のコミュニケーションにおいて言語を使用するためには社会規範も獲得しなければならないので、社会認知に問題があるASDが言語に障害をもつのは不思議ではない。語用論の障害は「心の理論」（第1章参照）の障害と関係していると考えられる（Baron-Cohen, 1988, Happé, 1993, Tager-Flusberg, 1997, Tager-Flusberg, 2013）。生物が記号を扱う過程を明らかにしようとする記号論という研究分野がある。記号論とはヒトの言語を、それを包含するような上位カテゴリからの視点で考察しようとする営みである。この記号論によって、記号の統語・意味論・語用論が定義された。図1左は哲学者永井成男による記号の3つの側面を表した三角形（永井, 1971）を筆者が改変したものである。記号と記号の関係を統語論 <syntax>、記号とその指示対象との関係を意味論 <semantics>、そして記号と解釈者との関係を語用論 <pragmatics> と定義する。このうち、統語論と意味論はヒトが関与しない記号と記号、記号とモノの関係である。それに対して語用論は記号とそれを解釈するヒトとの関係であり、ASDと定型発達が認知スタイルの異なるヒトのサブタイプであると考えると、語用論が異なりうることが自ずから予測される（図1右）。

また、語用論では、文が聞き手にとって何を指向するかを問う。たとえば「あの高い場所にある本に手が届く？」という発言は意味論的には手が届くかどうかを問う質問であるが、実際は取ってほしいという依頼を含意してい

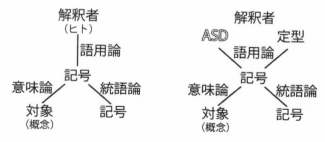

図1 左：記号の統語論・意味論・語用論。
右：ASD者と定型発達者の認知スタイルの違いから語用論の違いが生じる。

る。これを理解することが語用論レベルでの文理解である。このような言い方は日常的に使われるが、実は言外の意味を汲み取らねば理解できない難しい表現である。

　Baltaxe は以下のような例を挙げつつ、ASD の語用論的言語障害の特徴を論じた（Baltaxe, 1977）。

① 形式的

砕けた会話なのに不適切な堅苦しい表現を使う。

質問者「野生動物について他に何かいうことはない？」

回答者「絶滅危惧種について多くの事があります。カリフォルニアのコンドルと白頭ワシは牧場主に言わせると無実の子羊を殺すそうです。兄弟が非常に多くの物語を読んでいました。ペレグリンハヤブサは絶滅危惧種で、殺虫剤によって悲劇的に一掃されてしまいました。」

②「私」の回避

質問者「悲しくなることはある？」

回答者「おそらく職場で、仕事によって労働者は悲しくなるでしょう。」

③漠然とした返答

質問者「どんな計画を立ててるの？」

回答者「ただ気になることの将来に備えてます。」

④間接話法を使う方が適切な場合に直接話法を使う

「私は両親に尋ねました。私は両親に家に居たいと言ったが、<u>私</u>は<u>お前</u>が年を取りすぎていると思うから<u>お前</u>は家から出た方がいいと思う。」

下線部は両親の発言なので、両親、私、私、とすべきところである。元の英文は以下の通りである。

"Well, I asked my parents. I told my parents I'd be good at home, but I feel you're too old to be at home, we feel you should be away."

⑤ I と you の誤用

「彼らが－<u>お前</u>が治療を必要としているなら、なぜ父は私を小児科に送らないのだろうか？」

下線部の「お前」は「私」を指している。元の英文は

"But why won't my father send me back if they — if you need treatment."

三人称代名詞が現実世界の何を指示するかは文脈の中で決まるが、一人称・二人称代名詞は誰が話者で誰が聞き手かという役割によって変動しうる点が異なる。

⑥失礼な、敬意を欠いた言い方

質問者「では聞きたいと思います。楽しかったですか？」

回答者「答えることを断る。あなたは邪魔をした。もう何も言わない。」

Q: "I am listening. Tell me, was it fun for you?"

A: "I refuse to tell you. You interrupted. Now I am not going to tell you."

⑦前景・背景情報の障害、情報構造における新情報・旧情報の取り扱いの問題

旧情報は背景となる必要情報で、それに対し新情報が前景として浮かび上がる。新情報を導入するとき、つまり話者は聴き手がその情報を知らないだろうと考えた場合（英語では）不定冠詞や分裂構文などの統語情報を用いて示す。ASDは対話において、新情報・旧情報の対比が十分行なわれていないことがある。新情報はその談話トピックが話者と聴き手の間で共有されると旧情報となる。

質問者「お嫁さんにしたいような素敵な女性とあったことはありますか？」

回答者「いいえ、そのような素敵な女性とあったことはないですが、でも年が近くてきれいで素敵な女性と沢山会っていけたらいいと思ってます。」

Q: Have you ever seen a lovely lady that you thought you might like to have as your wife?

A: No, I haven't seen a lovely lady like that but I am going to keep meeting lots of nice looking nice lovely ladies close to my age hopefully.

　下線を引いた"seen a lovely lady like that"は不要で"nice looking nice lovely ladies"は代名詞themと表現すべきである。ASD者は社会性が障害されているがゆえに定型発達者が会話する際に前提としている背景知識を所有していない可能性がある。つまり社会性の障害が言語使用の語用論的な側面に影響を及ぼしているのかもしれない。

3.9 終助詞「ね」の欠如

　日本語特有の ASD の言語の問題として報告があるのは終助詞の欠如である。佐竹と小林は 3 名の ASD 児の家庭における母との対話を分析したところ、子供の発話数と終助詞表出数は 401/0、449/7（「の」6・「よ」1）、325/0 だった（佐竹・小林，1987）。なお、彼らは絵を用いた文産出課題で ASD 児を訓練したところ終助詞使用が習得され、家庭においても効果が持続したそうである。同様の訓練により「よ」「ね」の使用が家庭においてもみられるようになったという報告もある（松岡ら，1997）。1997 年に発表された綿巻の論文では言語発達の指標である平均発話長（Mean Length of Utterance: MLU）を統制して ASD 児と知的障害児を比較し、格助詞・係助詞には差はないが文末助詞「ね」の使用が ASD 児で皆無であったという報告をしている（綿巻，1997）。この論文の中で綿巻は「ね」の欠如を心の理論から説明しようと試みている。ASD 児は方言を使わない（松本，2017）という報告があるが、方言による差異が多く見られる終助詞使用を避けることも一因であるのかもしれない。

4. ASD の神経科学

　近年、神経科学において動物の社会行動の神経基盤を解明しようとする社会神経科学（social neuroscience）という分野が勃興した。ASD では社会認知を支える神経基盤の障害が原因で生じていると考えて ASD の脳の研究が盛んに行われている。社会脳仮説（Brothers, 1990）というアイデアは猿の脳の扁桃体・眼窩前頭皮質・側頭葉の破壊によって社会的行動の変化が生じるという知見をベースに形成された。猿の扁桃体を破壊するとその猿は社会的に孤立するようになってしまう。また眼窩前頭皮質の破壊も泣き声や表情などの社会的シグナルを産出しなくなったり反応しなくなったりと社会的行動を変えてしまうことがわかっている。側頭葉、特に上側頭溝は表情や視線の処理に関与しているというデータがある。猿とヒトの脳の機能と構造は似ているのでほぼ同様の社会脳をヒトも有している。ロンドン大学のフリスは様々な神経科学データを総合してヒトについても 1）後上側

頭溝（posterior superior temporal sulcus, pSTS）・側頭頂接合部（tempolo-parietal junction, TPJ）、2）扁桃体、3）側頭極、4）内側前頭葉（medial prefrontal cortex, MPFC）・前帯状皮質（anterior cingulate cortex, ACC）、とミラーシステム（第1章参照）を加えたものが社会脳を構成し、社会的な相互作用において人々の行動を予期する機能を果たしていると提案している（Frith, 2007）（図2左）。扁桃体は不安な表情や不審な人物の顔を見ると活動する。側頭極は人々に関する知識や社会的な概念などの知識を統合して現在の社会状況を適切に判断するのに役立っていると考えられている。内側前頭葉・前帯状皮質は他者の心の状態の推測に関与していると考えられている。ミラーシステムは他者の体の動きから行為の意図や感情を知り、さらに次の動きを予測するのに役立つと考えられている。ヒトでも猿と同様に後上側頭溝（pSTS）に沿って他者の口・目・手などの動きを見ると活動する領域があることが分かっている（Allison et al., 2000）。

　側頭頂接合部（TPJ）、特に右のTPJは他者の意図・欲求・信念を理解する能力（メンタライジング能力）を試す課題、「心の理論」課題遂行時に活動する（Saxe & Kanwisher, 2003, Apperly et al., 2004）。右TPJは注意の振り向け、動作主の判断、共感などにも関与するという報告がある。（Decety & Lamm, 2007）。Hakunoらは言葉を話すようになる前の6～8,10～12ヶ月の幼児でも右TPJが社会的相互作用時に活動することを近赤外線スペクトロスコピー（NIRS）で明らかにした（Hakuno et al., 2020）。左TPJはエピソード記憶の想起に関与するという証拠が集まっている（Wagner et al., 2005）。

　ヒトの言語野は発話のための前頭葉のブローカ野、そして理解のための側頭葉のウェルニッケ野がある。（図2右）。ウェルニッケ野は左半球の上側頭回の後方1/2ないし1/3を占めるとされる領域であるが、実際の失語症や、電気刺激による言語障害はウェルニッケ野を含むより広い領域で生じることが知られており（Penfield & Roberts, 2014）、ウェルニッケ野に縁上回・角回・中側頭回・下側頭回も加えて後方言語野と呼ぶこともある。（図3）。この後方言語野は前述の「心の理論」の脳メカニズムである側頭頂接合部（tempoloparietal junction, TPJ）を含むことになる。「心の理論」は他者の心

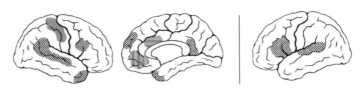

図2 左、社会認知の脳内ネットワーク（**Kennedy & Adolphs**（2012）の図を参照）。右半球の外側面と内側面をそれぞれ表示している。斜線：行為の知覚、横線：共感ネットワーク、縦線：偏桃体ネットワーク、点：メンタライジング・ネットワーク。右、言語の脳内ネットワーク。左半球の前頭葉にブローカ野、側頭葉にウェルニッケ野がある。

の状態の理解に必要な能力とされているが、言語運用においては発話意図の理解に「心の理論」を使う可能性がある。つまり発話意図の理解のような語用論レベルの言語処理は「心の理論」を必要とし、それゆえ TPJ が活動する、と考えられる。後方言語野は今から 60 年以上前の知見であるが、統語・意味論だけでなく、語用論的処理も考慮した現代的な言語野の定義として意味を持っている。図2 に示されている通り、社会認知の脳ネットワークと言語の脳ネットワークは上側頭溝でオーヴァーラップしている。他者の意図の言語的理解は左半球、非言語的理解は右半球というように左右で役割が分かれているのかも知れない。

　大脳皮質の体積を ASD 児（言語障害あり・無し）、SLI 児、定型発達児で比較したところ、左前頭葉にある言語野のブローカ野と右半球の相同部位の体積比が、言語が正常な群では左優位なのに対し、言語に障害がある群は右優位であったという報告がある。（De Fossé et al., 2004）。一方、大脳白質繊維の上縦束（Superior Longitudinal Fasciculus, SLF）を拡散強調画像法（Diffusion Tensor Imaging, DTI）で計測して SLI 様の言語障害を示す ASD 患者群と TD を比較したところ有意な差はみられなかった（Verhoeven et al., 2011）。しかし、SLI 様の言語障害を示す ASD 児と SLI 児との比較では後者でのみ白質繊維の体積の減少が認められたそうである。ASD の言語障害が SLI に似ているという報告が議論されているが、この研究はその脳メカニズムが異なる可能性を示唆する神経科学的知見を提供している。

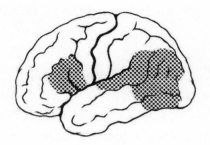

図 3　後方言語野

Penfield & Roberts（2014）による、脳表の電気刺激によって言語障害が生じる領域では前方の言語野はブローカ野と同じだが、後方の言語野はウェルニッケ野を含んで大きく広がっている。

5. ASD の言語研究の意義

　ASD の言語障害の研究は、非典型的な言語の使用により社会生活で困ってしまう ASD 者の支援に役立つことを目指している。しかし、ASD の言語障害の研究はヒト言語について深く理解しようとするうえで副次的に 2 つの意義を持つと考えられる。1 つはこの研究がヒトの言語能力と社会認知能力の関係についての理解を要請することである。集団で生きる動物は蟻、鳥、猿などヒト以外に沢山いる。集団で生きる様を社会と呼ぶが、様々な特性を持った構成員からなる複雑な社会を生きるために知能 = 脳が発達したという社会脳仮説というものがある。特に知能の発達した霊長類において、群を構成する個体数と脳の新皮質の割合が正の相関関係にあるという発見は、集団に属する他個体の観察やコミュニケーション信号の処理を行うために脳が発達したという仮説を生んだ（Dunbar, 1998）。言語が社会的なコミュニケーションに使われていることは間違いないことであるし、脳の相応の領域が言語活動のために捧げられていることも事実であるから、この社会脳仮説をもとに非言語コミュニケーション能力の延長としてヒト言語の誕生に至る進化史を想像することも可能かも知れない。対人コミュニケーション・スキルの発達は十全な言語の発達を必要とする、という推測は 1970 年代よりあり（Bartak et al., 1975, Schick et al., 2007）、言語障害が原因で ASD になる

（Rutter, 1970）という見方もある。しかし社会的障害によって言語障害が現れる（Kanner, 1943）という意見もある。いずれにせよ社会性の障害を持つASD の言語の問題を理解するには、言語と社会性の関係を明らかにすることが重要であろうし、その解明が進む可能性がある。

　ASD の言語障害の研究の意義の2つ目は、ヒト言語はコミュニケーションのために生まれたのか、あるいは思考のために生まれたのかという根源的な問いを考える上で参考になることである。社会的な動物は鳴き声を交わしたり、フェロモンを放出したりして様々な方法で仲間や敵と信号のやり取りをしている。言語をもたなくても、動物はコミュニケーションが可能なのである。ヒトのコミュニケーションも表情や身振りをはじめとして言語を使わない方法が沢山あり、むしろコミュニケーションは非言語のものが多いという研究もある。（Mehrabian 1971, Birdwhistell, 2010）。もちろんヒトは言語を用いたコミュニケーションをしているし、言語はコミュニケーション能力から生まれたとのだと主張する研究者もいる（Tomasello, 2005）。しかしもし言語がコミュニケーションの為だけの道具であるのならば、生来コミュニケーションが困難であったり、モティベーションが低かったりすることの多い ASD 者が、少なくとも統語と意味論においてはほとんど問題なく言語を獲得できるのはなぜなのだろうか？これは「言語はコミュニケーションのために生まれたのではなく、思考の為に生まれたのだ」というチョムスキーが擁護する「伝統的」意見（Chomsky, 2007）を支持する証拠の1つたりえるのではないか。ASD 者は独り言が多く、他者との言語コミュニケーションが困難であることは「言語は思考の為にある」という考え方に有利な証拠となる。少なくともコミュニケーションを志向しない言語もあるという例を示しているわけである。もともと思考のために生まれた言語をコミュニケーションに転用しているのだとすれば言語はコミュニケーションの道具として不完全かも知れず、他者との対話での行き違いは避けられないのかもしれない。

参考文献

Allison, T., et al. (2000). "Social perception from visual cues: role of the STS region."

Trends in cognitive sciences 4(7): 267–278.

Apperly, I. A., et al. (2004). "Frontal and temporo-parietal lobe contributions to theory of mind: neuropsychological evidence from a false-belief task with reduced language and executive demands." *Journal of Cognitive Neuroscience* 16(10): 1773–1784.

Asperger, H. (1944). "Die „Autistischen Psychopathen" im Kindesalter." 詫摩武元、髙木隆郎 共訳「小児期の自閉的精神病質」In: 髙木隆郎　M・ラター　E・ショプラー（編）『自閉症と発達障害研究の進歩 2000/Vol.4』pp.33–68. 星和書店. Archiv für Psychiatrie und Nervenkrankheiten 117: 76–136.

Baltaxe, C. A. (1977). "Pragmatic deficits in the language of autistic adolescents." *Journal of Pediatric Psychology* 2(4): 176–180.

Baron-Cohen, S. (1988). "Social and pragmatic deficits in autism: Cognitive or affective?" *Journal of autism and developmental disorders* 18(3): 379–402.

Baron-Cohen, S. (1987). "Autism and symbolic play." *British journal of developmental psychology* 5(2): 139–148.

Bartak, L., et al. (1975). "A comparative study of infantile autism and specific developmental receptive language disorder: I. The children." The British Journal of Psychiatry 126(2): 127–145.

Birdwhistell, R. L. (2010). *Kinesics and context: Essays on body motion communication*, University of Pennsylvania press.

Brothers, L. (1990). "The social brain: a project for integrating primate behaviour and neurophysiology in a new domain." *Concepts neurosci* 1: 27–51.

Carr, E. G., et al. (1975). "Control of echolalic speech in psychotic children." *Journal of Abnormal Child Psychology* 3(4): 331–351.

Chakrabarti, S. and E. Fombonne (2001). "Pervasive developmental disorders in preschool children." *Jama* 285(24): 3093–3099.

Chakrabarti, S. and E. Fombonne (2005). "Pervasive developmental disorders in preschool children: confirmation of high prevalence." *American journal of Psychiatry* 162(6): 1133–1141.

Charman, T., et al. (2003). "Predicting language outcome in infants with autism and pervasive developmental disorder." *International Journal of Language & Communication Disorders* 38(3): 265–285.

Chomsky, N. (2007). "Biolinguistic explorations: Design, development, evolution." *International Journal of Philosophical Studies* 15(1): 1–21.

Czech, H. (2018). "Hans Asperger, national socialism, and "race hygiene" in Nazi-era Vienna." *Molecular Autism* 9(1): 1–43.

De Fossé, L., et al. (2004). "Language - association cortex asymmetry in autism and specific language impairment." *Annals of Neurology: Official Journal of the American Neurological Association and the Child Neurology Society* 56(6): 757–766.

Decety, J. and C. Lamm (2007). "The role of the right temporoparietal junction in social interaction: how low-level computational processes contribute to meta-cognition." *The neuroscientist* 13(6): 580–593.

Dunbar, R. I. (1998). "The social brain hypothesis." *Evolutionary Anthropology*: Issues, News, and Reviews: Issues, News, and Reviews 6(5): 178–190.

Frith, C. D. (2007). "The social brain?" Philosophical Transactions of the Royal Society B: *Biological Sciences* 362(1480): 671–678.

Ghaziuddin, M. and L. Gerstein (1996). "Pedantic speaking style differentiates Asperger syndrome from high-functioning autism." *Journal of autism and developmental disorders* 26(6): 585–595.

Grigorenko, E. L., et al. (2003). "Annotation: Hyperlexia: disability or superability?" *Journal of Child Psychology and Psychiatry* 44(8): 1079–1091.

Hakuno, Y., et al. (2020). "Interactive live fNIRS reveals engagement of the temporoparietal junction in response to social contingency in infants." *NeuroImage*: 116901.

Happé, F. G. (1993). "Communicative competence and theory of mind in autism: A test of relevance theory." *Cognition* 48(2): 101–119.

Joanisse, M. F. and M. S. Seidenberg (1998). "Specific language impairment: A deficit in grammar or processing?" *Trends in cognitive sciences* 2(7): 240–247.

Kanner, L. (1943). "Autistic disturbances of affective contact." Nervous Child 2: 217–250.

Kanner, L. (1946). "Irrelevant and metaphorical language in early infantile autism." *American journal of Psychiatry* 103(2): 242–246.

Kennedy, D. P. and R. Adolphs (2012). "The social brain in psychiatric and neurological disorders." *Trends in cognitive sciences* 16(11): 559–572.

Kjelgaard, M. M. and H. Tager-Flusberg (2001). "An Investigation of Language Impairment in Autism: Implications for Genetic Subgroups." *Lang Cogn Process* 16(2–3): 287–308.

Kurita, H. (1985). "Infantile autism with speech loss before the age of thirty months." *Journal of the American Academy of Child Psychiatry* 24(2): 191–196.

Kwok, E. Y., et al. (2015). "Meta-analysis of receptive and expressive language skills in autism spectrum disorder." *Research in Autism Spectrum Disorders* 9: 202–222.

Lord, C. and A. Venter (1992). Outcome and follow-up studies of high-functioning autistic individuals. *High-functioning individuals with autism*, Springer: 187–199.

Loveland, K. A. and B. Tunali-Kotoski (2005). "The School-Age Child with an Autistic Spectrum Disorder."

Lyons, V. and M. Fitzgerald (2007). "Did Hans Asperger (1906–1980) have Asperger Syndrome?" *Journal of autism and developmental disorders* 37(10): 2020–2021.

McCune-Nicolich, L. (1981). "Toward symbolic functioning: Structure of early pretend games and potential parallels with language." *Child development*: 785–797.

Mehrabian, A. (1971). Silent messages, Wadsworth Belmont, CA.

Paul, R., et al. (2005). "Perception and production of prosody by speakers with autism spectrum disorders." *Journal of autism and developmental disorders* 35(2): 205–220.

Paul, R., et al. (2005). "Brief report: Relations between prosodic performance and communication and socialization ratings in high functioning speakers with autism spectrum disorders." *Journal of Autism and Developmental Disorders* 35(6): 861.

Penfield, W. and L. Roberts (2014). Speech and brain mechanisms. *Speech and Brain Mechanisms*, Princeton University Press.

Piaget, J. (2013). *Play, dreams and imitation in childhood*, Routledge.

Pronovost, W., et al. (1966). "A longitudinal study of the speech behavior and language comprehension of fourteen children diagnosed atypical or autistic." *Exceptional children* 33(1): 19–26.

Ricks, D. M. and L. Wing (1975). "Language, communication, and the use of symbols in normal and autistic children." *Journal of autism and childhood schizophrenia* 5(3): 191–221.

Roberts, J. A., et al. (2004). "Tense marking in children with autism." *Applied Psycholinguistics* 25(3): 429–448.

Rumsey, J. M., et al. (1985). "Autistic children as adults: Psychiatric, social, and behavioral outcomes." *Journal of the American Academy of Child Psychiatry* 24(4): 465–473.

Rutter, M. (1970). Autistic children: infancy to adulthood. Seminars in psychiatry.

Saxe, R. and N. Kanwisher (2003). "People thinking about thinking people: the role of the temporo-parietal junction in "theory of mind"." *Neuroimage* 19(4): 1835–1842.

Schick, B., et al. (2007). "Language and theory of mind: A study of deaf children." *Child development* 78(2): 376–396.

Schuler, A. and W. Fay (1980). *Emerging language in autistic children, Baltimore*: University Park Press.

Short, A. B. and E. Schopler (1988). "Factors relating to age of onset in autism." *Journal of autism and developmental disorders* 18(2): 207–216.

Shriberg, L. D., et al. (2001). "Speech and prosody characteristics of adolescents and adults with high-functioning autism and Asperger syndrome." *Journal of Speech, Language, and Hearing Research*.

Tager-Flusberg, H. (1981). "On the nature of linguistic functioning in early infantile autism." *Journal of autism and developmental disorders* 11(1): 45–56.

Tager-Flusberg, H. (1981). "Sentence comprehension in autistic children." *Applied Psycholinguistics* 2(1): 5–24.

Tager-Flusberg, H. (1997). "Language acquisition and theory of mind: Contributions from the study of autism." *Research on communication and language disorders: Contributions to theories of language development*: 135–160.

Tager-Flusberg, H. (2004). Do autism and specific language impairment represent overlapping language disorders? *Developmental language disorders, Psychology Press*: 42–63.

Tager-Flusberg, H. (2013). Understanding other minds: Perspectives from autism and developmental cognitive neuroscience. *Understanding other minds: Perspectives from developmental social neuroscience.* S. Baron-Cohen, H. Tager-Flusberg and M. Lombardo, Oxford university press.

Tager-Flusberg, H., et al. (1990). "A longitudinal study of language acquisition in autistic and Down syndrome children." *J Autism Dev Disord* 20(1): 1–21.

Tager-Flusberg, H. and R. M. Joseph (2003). "Identifying neurocognitive phenotypes in autism." Philosophical Transactions of the Royal Society of London. Series B: *Biological Sciences* 358(1430): 303–314.

Tager-Flusberg, H. (1992). "Autistic children's talk about psychological states: Deficits in the early acquisition of a theory of mind." *Child development* 63(1): 161–172.

Tomasello, M. (2005). *Constructing a language: A usage-based theory of language acquisition*, Harvard university press.

Ungerer, J. A. and M. Sigman (1981). "Symbolic play and language comprehension in autistic children." *Journal of the American Academy of Child Psychiatry* 20(2): 318–337.

Verhoeven, J. S., et al. (2011). "Is there a common neuroanatomical substrate of language deficit between autism spectrum disorder and specific language impairment?" *Cerebral Cortex* 22(10): 2263–2271.

Wagner, A. D., et al. (2005). "Parietal lobe contributions to episodic memory retrieval." *Trends in cognitive sciences* 9(9): 445–453.

Wilkinson, K. M. (1998). "Profiles of language and communication skills in autism." *Mental Retardation and Developmental Disabilities Research Reviews* 4(2): 73–79.

Wing, L. (1981). "Asperger's syndrome: a clinical account." *Psychological medicine* 11(1): 115–129.

永井成男 (1971)『科学と論理』河出書房新社

佐竹真次、小林重雄 (1987)「自閉症児における語用論的伝達機能の研究：終助詞文表現の訓練について」『特殊教育学研究』25(3): 19–30.

松岡勝彦、et al. (1997)「自閉症児における終助詞付き報告言語行動の獲得と家庭場面での追跡調査」『行動療法研究』23(2): 95–105.

松本敏(2017)『自閉症は津軽弁を話さない：自閉スペクトラム症のことばの謎を読み解く』福村出版

東田直樹 (2017)『自閉症の僕が跳びはねる理由（角川つばさ文庫）』Kadokawa

福田真二 (2014)「特異的言語障害研究の現状と課題」『特殊教育学研究』52(4): 317–332.

綿巻徹(1997)「自閉症児における共感獲得表現助詞「ね」の使用の欠如：事例研究」『発達障害研究』19: 146–157.

詫摩武元、高木隆郎 (2000).「小児期の自閉的精神病質」『自閉症と発達障害研究の進歩』vol.4(2000) 特集：アスペルガー症候群、星和書店: 30–68.

第3章

文の左周辺部のカートグラフィー：
研究成果と認知科学との関わり

ルイージ・リッツィ
遠藤喜雄（訳）[1]

　カートグラフィーとは、文の構造を地図のように詳細に描くプロジェクトである。ほんの20数年前に始められた研究プロジェクトだが、多くの研究成果をあげている。ここでは、次の点をみていきたいと思う。

1. まず、文の構造は非常に複雑でバリエーションに富んでいる。このバリエーションをありのままに描こうとする点で、カートグラフィーは現象学の視点をもっている。この視点から文の特徴をお話しする。
2. 次に、言語の研究では文の規則性を捉えようとするが、その基盤となる豊富なデータをカートグラフィーは提供してきた。新たなデータが発掘されると、そこから新たな規則の発見が促され、その規則をさらに別の新たなデータで検証してみようとする好循環が生み出され、言語研究が活気あるものになった。この一端をご紹介したいと思う。
3. 最後に、カートグラフィーは、単なる文の分析を超えて、言語の発達や言語障害といった病理学（pathology）の分野でも活用されている。この研究をいくつかご紹介する。

1　本稿は、2019年に名古屋学院大学でLuigi Rizzi氏が発表した原稿を、訳者の遠藤がRizzi氏と相談しながらなるべく専門用語を用いず、直訳することなくわかりやすさを優先して日本語の事例を加えながら翻訳した。

　これら３つの研究は、独立して行われるわけではなく、互いに刺激しあいながら進展していく。これら全てを紹介することは無理なので、まず文の特徴のなかでも左の周辺部分に生じるさまざまな要素に焦点を当てて、ご紹介したいと思う。

1. 文の左周辺部の詳細な分析

　まず、これまでに行われた文の左側の周辺部に生じる要素の研究をみてみよう。1970年にジョーン・ブレズナン（Joan Bresnan）という言語学者は、英語の主語の前に生じる要素について規則を発見した。たとえば、英語では、that や if（たとえば、I think that John is honest / I wonder if John is honest など）といった要素が主語の前に現れるが、その場所には what などの疑問語も生じる（たとえば、I wonder what Mary ate.）。そして、これら that や what は、同時に現れないという事実（たとえば、I wonder if what Mary ate はダメな文である）に着目して、主語の前には that や what が入る COMP という場所があるという規則が提案された。COMP^2 という場所は1つなので、what と if はどちらか一方がその場所に現れると、もう1つは現れることができないという椅子取りゲームのような規則である。

　この規則は、1980年代に入るとノーム・チョムスキー（Noam Chomsky）という言語学者により X' 理論という理論に発展した。X' 理論とは、文を構成するそれぞれの句において、いずれかの要素がその中心となる構造をしており、このような句の構造が繰り返し現れて文が出来上がるという規則である。たとえば、先にみた what や if が生じる COMP は文と文をつなぐ中心の場所で、C とよばれる（I wonder if John will come では、if が I wonder と John will come という2つの文をつなぐ場所 C になる）。次に、主語の後ろにあるのが、文の表す出来事が現在か未来かを示す時制の要素（たとえば、will）が中心となる場所で、I^3 とよばれる。そしてその後ろには、文の表す

2　COMPは、complementizer（補文標識）の略語。

3　Iはinflection（屈折）の略語。

出来事がどのような動作であるかを表す動詞（たとえば、run）が中心とな
る場所があり、Vとよばれる。このように文は、どれも1つの中心をもつ場
所（C, I, V）をもつ句が繰り返し現れて、そこに単語を入れて文が出来上が
る。たとえば、Cにif、Iにwill、Vにrunが現れる文（if John will run）の
構造は、次のようになる。

(1)
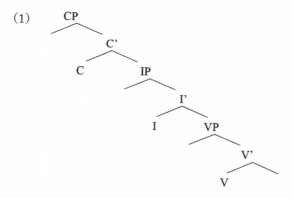

この規則性は全ての言語にみられるが、そこにはバリエーションもある。

(2)
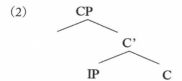

たとえば、英語では、文が疑問か肯定かをあらわすCという場所が<u>左側</u>に
あるが、日本語では「本当に走るの<u>か</u>？」のように、疑問を表す「か」が現
れる場所は<u>右側</u>にある。
　このように、日本語と英語といった言語の違いは、文の中で句の中心とな
る場所が前に生じるか後ろに生じるかといった違いによって表すことができ
る。これは、上でみたC、I、Vについても同じで、英語では疑問を示すC
のifが<u>前の方から</u>現れた後で、次に時制を示すIのwillが現れ、さらに次に
動作の内容を示すVのrunが現れる仕組みになっているので、[C (1) who

［I（2）will［V（3）eat pizza］］］という語順になる。一方、日本語では、疑問を示すCの「か」が後ろの方から現れた後で、次に時制を示すIの「た」が現れ、さらに次に動作を示す「食べ」が現れるので、［［［ピザを食べ（3）［た（2）］か（1）］という語順になる。このように、句の中心となる要素が生じる場所を「前」と「後ろ」の2つに分解する（split）ことで言語のバリエーションが生み出されるのである。カートグラフィーでは、この分解という手段を積極的に活用して、文の詳細な地図を描いていく。

　この点を私の母語であるイタリア語でみてみよう。

（3）Credo　　　　**che**　partirò
　　　'I believe that　I will　leave'

（4）Ho deciso　**di**　partire
　　　'I decided　to　leave'

（5）Non so　　　　**se**　partirò
　　　'I don't know if　I will　leave'

　ここでは、文頭のCの場所にche（時制を持つ肯定の要素）、di（時制を持たない肯定の要素）、se（yes/non 疑問の要素）が現れている。

（6）

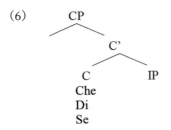

　では、これら3つの要素は、本当に同じCという1つの場所であるかをみてみよう。じつは、カートグラフィーの分解の手法を用いると、Cという

場所が3つに分解できることがわかる。ここでは、ある軸になる要素を目印（landmark）にして場所を分解する手法を紹介する。たとえば、日本語には「その話<u>は</u>もう聞き飽きた」の「は」で表されるトピック（主題）表現がある。トピックとは、話し手と聞き手が共有している話のとっかかりとなる要素のことである。イタリア語には、「は」のようなトピック専用の要素はなく、文頭に要素を置いてトピックを表す。たとえば、次の文では、il tuo libro（あなたの本）がトピックとなる。

(7) <u>Il tuo libro</u>, lo leggerò domain
　　'Your book, I'll read it (cl) tomorrow'

　このトピック要素を目印にすると、(6) の3つの要素（che, di, se）が、それぞれが異なる文頭の場所に生じていることがわかる。まず、(8) にみるように、che はトピック要素（il tuo libro）の「前」に生じる。（トピック要素（Topic: Top）が che より前に生じることを che>Top のように示す。）一方、(9) にみるように、di はトピックの「後ろ」に生じる。最後に、(10) にみるように、se は2つのトピックの「間」に生じる。

(8) Credo　　**che**　**il tuo libro**,　lo leggerò domani　　　　　　　che> Top
　　'I believe　that　　your book　　I it-will read tomorrow'

(9) Ho deciso,　**il tuo libro,**　di leggerlo domani　　　　　　　　Top> di
　　'I decided　your book,　　to read-it tomorrow'

(10) Non so,　　**il tuo libro**,　se a Gianni,　glielo leggerò domani
　　　　　　　　　　　　　　　　　　　　　　　　　Top> se> Top
　　'I don't know　your book　　if to Gianni　I to-him-it will read tomorrow'

　つまり、(6) の3つの要素（che, di, se）が現れる文頭のCの場所は、次のように3つあることがわかる。カートグラフィーでは、このように文の要

素を分解して表される文の構造を「文の地図」とよぶ。

(11) … Force … Top … Int … Top … Fin …
　　　 che　　**se**　　**di**

　このようにして作成された文の地図は、言語を比較する際にも役に立つ。この点を、イタリア語とスペイン語をみながらご紹介する。イタリア語とスペイン語は同じロマンス語族に属し、非常に近い関係にある。（日本語で言えば、方言間の違いくらいの近さである。）そのため、この2つの言語には共通点が多く、Cの場所には同じ che という単語が現れる。しかし、これら2つの言語には違いもあり、イタリア語では che が疑問文を表す se と一緒に現れないが、次のようにスペイン語では che は si と一緒に現れることができる。

(12) María preguntó **que**　**si**　**el lunes**　　había periódicos
　　 'Maria asked　　　that　　if　　the Monday　　there were newspapers'

　これはなぜだろうか？この答えのヒントは実は日本語にある。斎藤衛という言語学者は、日本語の「と」が引用を表すことができるとし、その場所を Report とよんだ。たとえば、「と」は（13）のように疑問文でも使えるため、疑問の「か」と文を接続するCの「と」が同時に現れることができる。これと同じように、スペイン語の que も日本語の「と」と同様に引用の内容を表すことができるので、日本語の「か」に相当する疑問の si と一緒に現れても大丈夫というわけだ。

(13) 太郎は 次郎に [cp 誰が　彼の家に　来る　の　か　と] 尋ねた
　　　　　　　　　　　　　　　　　　　　　　　　　　　　（Saito 2015）

　ここから、日本語とスペイン語に共通の引用の場所があることがわかる。日本語とスペイン語の違いは、文を接続するCの場所が文の前の方にあるか（＝スペイン語）、後ろの方にあるか（＝日本語）という点だけである。

このようにイタリア語とスペイン語という距離の近い言語も、スペイン語と日本語という距離の遠い言語も、同じように文の地図の場所で示すことができるのがカートグラフィーの強みである。この点を見るために、日本語で「の」「か」「と」という3つの要素の並びをみてみよう。日本語では、後ろから [[[の（3）] か（2）] と（1）] という具合に並べられるのに対して、イタリア語では、これに対応する要素が前の方から [che（1）[se（2）[di（3）]]] という具合に並ぶ。ここから、日本語とイタリア語・スペイン語は鏡像関係（mirror image）にあるという規則をみつけることができる。

(14) Romance (Rizzi 1997, Rizzi 2013)：
    [Force/Report [Int [Fin [$_{IP}$ ...] ...] ...] ...]
    　　che　　　**se**　**di**

(15) Japanese (Saito 2015)：
    [... [... [... [$_{IP}$ ...] 　Fin 　] Int 　] Force/Report]
    　　　　　　　　　　　　no　　　　**ka**　　**to**

　ここで示されているのは、文の周辺部の作り方だ。まず、最初に「の」が文（= IP）を包み込み、それを疑問に関わる「か」が包み込み、最後に、それを報告することを表す「と」が包み込むという「階層的な構造」である。これは日本語にもイタリア語にもスペイン語にも共通の規則だ。違いは、包み込む句の中心となる要素が日本語で（15）に見るように右の方にあるか、イタリア語やスペイン語のように、左の方にあるかという違いだけである。これら包み込み方の規則は Endo（2007）や Rizzi（1997）で詳細に述べられている（Rizzi 1997, Endo 2007）。

2. 人と繋がる領域：スコープと談話の位置

　以上でみてきたように、文は要素が他の要素を包み込みながら作られ、階層的な地図で表すことができる。じつは、文の（右・左）周辺部には、さらなるスコープと談話に関わる規則がある。イタリア語や英語などでは、主語

の前の<u>左</u>の周辺部の場所に、「話し手が他者と繋がる」ことを表す要素が集中している。一方、日本語では、「話し手が他者と繋がる」ことを表す要素が文の<u>右</u>の周辺部の場所に集中している。

　この話し手が他者と繋がろうとする要素が文の地図のなかでどこにあるかを知りたいときに、物差しのような基準（criteria）があると便利だろう。そこで、こういった基準の情報をTop（話題）、Foc（フォーカス）を中心にご紹介する。まず、トピックの基準をみてみよう。

(16) This book Top　I will read ＿ next week

　ここでは、文頭にあるトピック要素の this book が高いイントネーションで発音され、その後ろは下降調のイントネーションで発音される。この点は次の波形で見てとることができる（Bocci 2009 より）。

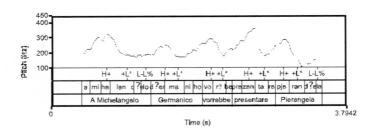

　そして、この文頭のトピック要素は、話し手と聞き手が共通に理解している話題（Topic; Top）として解釈され、その後ろはトピックについての話し手のコメント（comment）と解釈される（たとえば、日本語では、「象は（＝トピック）鼻が長いんだよ（＝コメント）」）。この規則性は次のように捉えられる。つまり、文の左の周辺部には、「話題（Top）の基準」となる場所があり、そこには話題となる要素が高いイントネーションで現れ、その後ろには下降調のイントネーションを伴ったコメント（comment）が生じる。

(17) [Topic]　**Top**　[comment]

次に、フォーカスの基準をみてみよう。

(18) THIS BOOK **Foc** you should read ___, not that one.

ここでは、文頭にある THIS BOOK がトピックよりもさらに高いイント
ネーションで発音され、その後ろは平板なイントネーションが続く。この点
は次の波形で見てとることができる（Bocci 2009 より）。

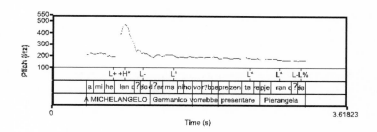

さらに、上の文は、話し手と聞き手との間で読まれた本がどれであるかに
ついて誤解があるために、話し手が THIS BOOK にフォーカス（Focus；
Foc）を当てて訂正をしている。（日本語では、「この本は読んだけどあの本
は読んでないよ」のように、すでにわかっている事柄（＝何かを読んだこ
と）を前提（presupposition）にして、「この本」にフォーカスを当てて訂正
をする。）この点は次のように捉えられる。つまり、文の左の周辺部には、
「フォーカスの基準」となる場所があり、そこにはフォーカス要素がトピッ
クよりも高いイントネーションで現れ、その後ろには、平板なイントネーシ
ョンを伴った前提となる事柄が生じる。

(19) [Focus]　　**Foc**　　[presupposition]

これら文の周辺部に位置する場所の特徴は、話し手と聞き手が繋がるコミ
ュニケーションに関わる点にある。人は、基準で表される音や意味の情報を
利用して相手の意図を読み取りながら円滑なコミュニケーションをする。し

かし、この文の周辺部にあるコミュニケーションの場所に障害があると、人と繋がることが困難になる。じつは、この点は言語の発達と密接に関わっている。そこで、まず言語の発達についてお話して、それから言語の障害をカートグラフィーでとらえてみたいと思う。

3. 言語習得：成長する木

　上で人の話す文は複雑な構造を持つことをみたが、子供は複雑な文の構造をどのように習得するのだろうか？それは生まれた時から頭の中に備わっているのだろうか？それとも、1つ1つ習得していくのだろうか？ Friedmann, Belletti and Rizzi（2021）は、文の構造が子供の頭の中で木のように成長していく（growing trees）と考えた（Friedmann et al. 2021）。以下、この点を少し詳しくご紹介する。

　言葉の発達は、子供の発話を手がかりに知ることができる。まず、第1段階では、子供は「お父さんが犬にごはんをあげる」など「誰が何をするか」という話し手の考えを表す部分を発話する。次に、第2段階になると、「お父さんが犬にごはんをあげたの？」など人とコミュニケーションをするための要素を子供は発話するようになる。これを文の地図で表すと、自分の考えを表す場所を、人と繋がるコミュニケーションのための場所が包み込む形になっていることがわかる（[コミュニケーション[考え　お父さんが犬にごはんをあげる]の]）。

　つまり、子供の発話は内側から外側へ拡がって成長していくのである。これを立体的な図で表すと、以下のようになる。ここでは、子供の発話する文がボトムアップ（bottom-up）に成長していくことを表している。Aは話し手の考えの部分で、Bは人と繋がるコミュニケーションの部分だ。Cは、のちにお話しする、さらに高度な理由を問うコミュニケーションの部分だ。子供の言葉は、A（I）→B（II）→C（III）の順で成長するので、IVで示すように、間に段階を飛び越すことはない。

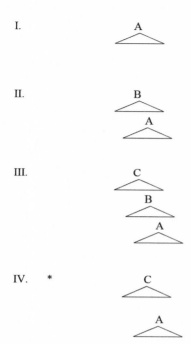

I.　A

II.　B
　　A

III.　C
　　B
　　A

IV.　＊　C
　　A

4. ヘブライ語の事例

　Friedmann, Belletti and Rizzi（2021）は、この文の成長過程をヘブライ語話者の子供の発話を用いて検証した（Friedmann et al. 2021）。ヘブライ語では、文の左の周辺部に人と繋がるコミュニケーションに関わる要素が数多く生じる。下の図の丸で囲った部分である。まず、誰が何をしたかという自分の考えを表す部分（＝IP）の前には、日本語で言えば「来た<u>の</u>」に相当する要素（Fin）が生じる。次に、話し手が聞き手の注意を引くために用いられる文頭の副詞（Mod）が生じ、理由を問う要素（Int）が生じ、疑問、肯定、関係節といった文のタイプ（Force）を表す要素が生じる。

82

（22）ヘブライ語の左周辺の文地図

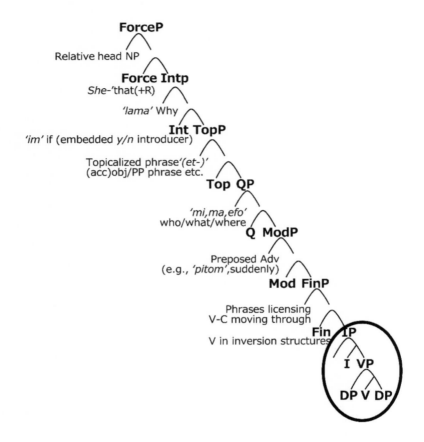

　ヘブライ語の子供は、このような複雑な単語の並びを一挙に発話するよう
になるわけではない。そこには３つの段階があり、丸で囲って表すと、次の
ようになる。

（23）

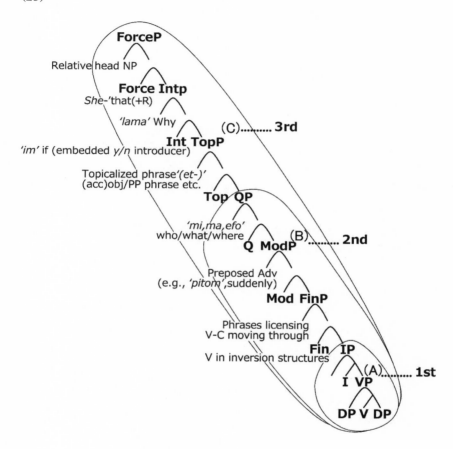

　第1段階：まず、この段階では、子供は一番下の（A）で示した丸の場所
にある要素を発話する。そこは、「誰（DP）が何を（DP）する（V）か」
という話し手の思考を表す領域である。（より詳しくは、Radford（1990）で
述べられているように子供は「誰が何をする」という部分（VP）の要素を
発話した後で、現在や過去という時制を含んだ部分（IP）の要素を発話す
るようになる。（Radford, 1990））この段階の子供は、人と繋がるコミュニ
ケーションの場所の単語は全く発話しない。

　第2段階：次に、真ん中の（B）で示した丸の場所に位置する要素を子供は発話するようになる。この場所は話し手が人と繋がるコミュニケーションの要素が生じる領域である。たとえば、疑問（QP）などの話し手が聞き手に情報を求める語句や、話し手が聞き手に注意を促すために用いられる文頭の副詞（now, you do this の now に相当する単語 Modp）などを子供は発話するようになる。

　第3段階：最後に、子供は一番上の（C）で示した丸の場所にある単語を発話するようになる。この場所も話し手が人と繋がるコミュニケーションに関わる部分だが、より複雑な要因が関わる。子供は、第2段階で、「いつ、どこで、誰が」という疑問の要素を発話するのだが、第3段階では「なぜ」など因果関係を表す疑問の要素（Int）を発話するようになる。また、この段階になると、子供は名詞に文を埋め込むという複雑な表現もするようになる（日本語では、「[名詞 [文お父さんが犬にあげた] 餌]」など）。

　この3つの段階の規則性をまとめると、次のようになる。つまり、子供の言葉は、第1段階→第2段階→第3段階と、3つの段階を経て成長している。各段階で子供はその領域にある場所の要素だけを用いて発話する。たとえば、第1段階では、「誰が何をする」に関わる場所の要素を用いて子供は自分の思考に関わる発話をする。次に、第2段階になると、相手に情報を求める what などの疑問の要素を発話するようになり、人と繋がるコミュニケーションの場所の要素を発話するようになる。最後に、第3段階になると、人と繋がるコミュニケーションのなかでも複雑な思考を必要とする、理由を尋ねる表現などを発話するようになる。

　このように文を木の成長に例える手法により、従来の言語の習得研究では謎とされていた疑問が一挙に解決する。従来の研究では、子供は早い段階では、(16)–(18)のような文頭に生じる wh 要素や話題の要素をなぜ発話しないのかが不明だった。ある言語学者は、初期の段階の子供は文頭に要素を移動する操作ができないのだ、といった。しかし、そもそもなぜ初期段階では要素を移動ということを子供はできないのかが不明だった。しかし、成長する木の考えによれば、これはごく当たり前のことなのだ。なぜなら、初期の

段階では、wh要素の移動先となる主語の前の場所が子供の頭の中で発現されていないのだから、そこに要素を移動して発話するわけがないのである。

5．成長する木と病理学

　以上の成長する木の考えを用いて、言語の障害を考えてみよう。まず、失語症の言語喪失について、ローマン・ヤコブソンという言語学者の有名な研究がある。ヤコブソンは「失語症における言語の損失は言語の獲得を反映している」と述べた（Jakobson, 2014）。具体的には、最後に獲得される文の要素が、言語の損失において最初に影響を受けるという事実がよく知られている。Friedmann & Grozinsky（2000）は、言語の損失が話し手の考えを表す領域ではなく、話し手が人とつながろうとする領域の要素に多くみられると報告している（Friedmann & Grodzinsky, 2000）。

　次に、自閉症（ASD）の研究をみてみよう。Zufferey and Durrleman（2013）は、Tager-Flusberg（2005）に見るCHILDESというコーパス研究を参照しながら調べたところ、3歳から6歳（正確には3;9–6;9）のASD児の発話には、第3段階の他者と繋がる部分が、定型発達児とは異なり未発達である点を指摘している（Zufferey & Durrleman 2013, Tager-Flusberg & Joseph 2005）。たとえば、この年齢のASD児の発話には「太郎が買った本」のような文を埋め込む構文が皆無である点が報告されている。本書でも遠藤氏の章で、日本のASD児が他者と繋がる領域にある終助詞の「ね」を発しないという先行研究に加えて、コミュニケーションが非常に苦手なASD児の発話の特徴が報告されている。日本語で特徴的なのは、ASD者が他者と繋がる部分の要素に問題があるという点である。その点で有望なのは、文の周辺部の他者と繋がる領域を詳細に分解する手法だ。具体的には、人とつながろうとする領域について、そのなかでどのような場所の要素をどのようなタイプのASD児がどの殿段階で発話しないのかという規則性を研究することが有望であると思われる。たとえば、遠藤氏の研究で示されているように、日本語では人と繋がろうとする要素である終助詞が規則的に並ぶので（[[[[来る] の] よ] ね] は可能だが、他の [[[[来る] ね] の] よ] などは不可

86

能であるなど）、人と繋がろうとする要素のどの要素がどんなタイプの ASD 児にとって困難であるかを調べることが日本語では研究しやすいように思われる。こういった研究により、言葉に問題を抱える ASD の人たちにとってより良い療育を提供したり、ASD の人のより精緻な診断基準を確立したりする助けになるのではないかと思う。この点で、日本語の終助詞を用いた ASD 研究が、病理学の分野で大きな貢献をすることが期待される。

参考文献

Bocci, G. (2009). On syntax and prosody in Italian. Doctoral dissertation, University of Geneva.

Endo, Y. (2007). *Locality and information structure: A cartographic approach to Japanese*, John Benjamins Publishing.

Friedmann, N., A. Belletti and L. Rizzi (2021). "Growing trees: The acquisition of the left periphery." *Glossa: a journal of general linguistics* 6(1).

Friedmann, N. and Y. Grodzinsky (2000). Split inflection in neurolinguistics. *The acquisition of syntax*, Routledge: 84–104.

Jakobson, R. (2014). *Child language, aphasia and phonological universals. Child language, aphasia and phonological universals*, De Gruyter Mouton.

Radford, A. (1990). *Syntactic theory and the acquisition of English syntax: The nature of early child grammars of English*, Blackwell.

Rizzi, L. (1997). The fine structure of the left periphery. *Elements of grammar*, Kluwer: 281–337.

Rizzi, L. (2013). "Notes on cartography and further explanation." *International Journal of Latin and Romance Linguistics* 25(1): 197–226.

Saito, M. (2015). "Cartography and selection: Case studies in Japanese." *Beyond functional sequence*: 255–274.

Tager-Flusberg, H. and R. M. Joseph (2005). How language facilitates the acquisition of false-belief understanding in children with autism. *Why language matters for theory of mind*, Oxford University Press.（2002 年 4 月にカナダのトロント大学で行われた国際会議での発表の改定版）

Zufferey, S. and S. Durrleman (2013). Investigating complex syntax in autism. *Advances in language acquisition*. Stavrakaki S, P. Konstantinopoulou and M. Lalioti, Cambridge Scholar Publishing.

第4章

カートグラフィーで
自閉スペクトラム症の言語の問題を捉える

遠藤喜雄

1. はじめに

　最近、さまざまなメディアを通して「発達障害」という言葉を耳にする機会が増えてきた。現在では、発達障害の中でも、かつて自閉症・アスペルガー症候群と呼ばれていたグループは「自閉スペクトラム障害（Autism Spectrum Disorders; 以下 ASD)」という用語でまとめられているので、ここでも ASD という言葉を使う。ASD にはいろいろな特徴があるが、言葉の特徴はあまり注目されていない。そこで、ここでは、皆さんと一緒に ASD の言葉の問題を具体的な事例を見ながら考えてみたい。特に、「カートグラフィー」という文法のモデルを使って、ASD の言葉のどこが問題になるのかをみていきたいと思う。ここでご紹介する事例は、論文で取り上げられている事例、ブログでお母さん方が話してくださっている事例、テレビなどで放映された事例、私の知り合いの事例などさまざまである。

2. カートグラフィーとは一文の詳細な地図を描くプロジェクト

　ここで皆さんと一緒に考える ASD 児の言葉は、文の中でどこに問題があるのだろうか？この点は、カートグラフィーという文法モデルを使うと比較的わかりやすく捉えることができる。カートグラフィーとは、the

cartography of syntactic structures（文構造の地図）の略である。1990 年ご
ろにヨーロッパでルイージ・リッツィ（Luigi Rizzi）とグリエルモ・チンク
エ（Guglielmo Cinque）という 2 人のヨーロッパの言語学者が共同で創発
した。カートグラフィーは、文の構造を地図のように詳細に描き出そうとい
う文法モデルである。文法というとみなさんは、国語や英語の授業で習った
「主語＋述語」や「SVO」などを思い浮かべるのではないだろうか？ところ
が、実際の文をみてみると、主語＋述語や SVO からは漏れる部分が数多く
ある。そして、実はその漏れてしまっている部分に ASD の言葉の問題が現
れることがある。この点をみるために、まず次の日本語をご覧いただきたい。

(1) 並べられていないのだろうかしらね

　この日本語の文は、次にみるように分解することができる。

(1') 並べ―られ―てい―な―い―の―だろう―か―しら―ね
　　　 1　　　 2　　 3　 4　 5　 6　　　 7　 8　　 9

　ここでは、動詞「並べ」の後ろには、9 つもの要素が現れている。V や述
語というだけでは、これらの 9 つの要素は漏れ落ちてしまう。カートグラフ
ィーでは、これら 9 つの要素も含めて、文に出てくる全ての要素をもれなく
扱い、地図のように描く。たとえば、「ない」は、1 つの否定表現に思える
かもしれないが、「ない」を過去形にすると「なかった」となることから、
「な」という否定の要素と「い」という現在のテンスを表す要素に分解して
扱う。例えていうなら、国文法や英文法が抽象画であるのに対して、カート
グラフィーは具象画といった感じである。じつは、ASD 児・者の言葉の問
題は、この漏れてしまっている上の 9 つの要素のうち、ある要素に多くみら
れる。皆さんは、どれだと思うだろうか？（1'）で示した数字だけではピン
とこないかもしれないので、数字のかわりに各要素の特徴を書いてみる。
（ちなみに、カートグラフィーでは、各要素の特徴を「か」は「疑問」、「の」
は「視点」といった「意味」を用いて分解するところにある。機械翻訳や認

知症を検出する言語分析では、「か」も「の」も助詞という文法範疇で分析されるので一緒になってしまう。)[1]

(2)　並べ―られ― てい― な― い―　の― か― しら― ね
　　　動詞　受け身　完了　　否定　テンス　視点　疑問　ムード　発話行為

　これら「動詞」や「受け身」などの要素は、次にみるようにひとつも入れ替えることができない。(興味のある方は、入れ替えてみてほしい。)

(3) ??並べ―てい―られ―ね―の…

　これは、下で示すように、動詞「並べ」に受け身の要素「られ」が結合し、新たな「受け身の層」を形成し、それに完了の「てい」という要素が結合して、さらに大きな「完了の層」をつくるといった重層的な形になっているためと、カートグラフィーでは考える。地図でいえば、下の図にみるように、「一丁目と二丁目」が合併して、それよりも大きな「A町」が形成されて、次に、A町とB町が合併して、さらに大きな「市」を形成するといったイメージである。この場合、一丁目とB町は入れ替えができないことがわかるだろう。

(4)

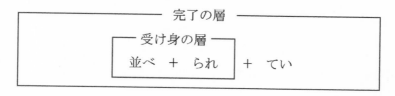

1　あとでみるように、「視点」や「発話行為」などは人の情動に結びつく。これらを意味を基に分析することが認知症やASDの研究には有効であると思われる。

（5）

　文の要素を地図のように細かくみていくと、全体像が見えなくなることがある。たとえば、東京からはじめて埼玉に行く人が、行き先の所沢の何丁目という部分に注意を集中していると、今いる東京から所沢の目的地にどんな経路で行ったらいいかが分からなくなってしまう。

（6）

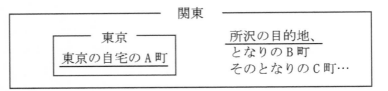

　こんなときには、**地図の全体像を見渡す**と便利であろう。カートグラフィーでは、文の全体像を次のように2分割する[2]。

（7）[相手と繋がる層 [思考内容の層 並べ—られ—てい—な—い]—の—か—しら—ね]

　ここでは、文が「誰が何をしたか」という、人が言葉を使って行なう**思考内容の層**（IP領域）[3]と、それについて人が**相手と繋がろうとする層**（CP領

2　専門用語では、相手とつながる層を、スコープと談話が関与するComplementizer Phrase（略して、CP）領域といい、思考内容の層を命題が関与するInflectional Phrase（略して、IP）領域という。
3　専門用語では、命題内容の領域という。

域）⁴の2つにざっくりと分けられている。たとえば、皆さんが1人で部屋にいて、本棚に本がきちんと並べられていないのを見たら、「う～ん、きちんと並べられていない！」と頭の中で思うことができるだろう。この場合、思考内容の層だけで十分である。一方、皆さんの部屋に誰かが来て、本棚に本がきちんと並べられていないことを、「あら、ちゃんと並べられていないのかしらね～」という具合に注意することができる。この場合、「のかしらね」といった相手と繋がろうとする層が必要になる。皆さんは、ASDの人たちが苦労するのは、どちらの層だと思うだろうか？答えは、のちに見るように、人が相手と繋がろうとする層に多くみられるようである。これは、なぜだろうか？この層には、人が相手と繋がるための表現が集中して現れている。この人と繋がる部分がASD児は苦手だという可能性がある。この点をみるため、言葉は何のためにあるかを考えてみよう。普通は、「あそこの店がバーゲンセールをやっている」とか「来週のテストはここが出るらしい」などの情報を交換するための道具が言葉であると思われるのではないだろうか？もちろん、その側面はあるが、同時に言葉は人と仲良くなって絆を深めるという、人と繋がる道具という側面もある。たとえば、私は毎日犬を連れて散歩するのであるが、ある日家を出てすぐに犬仲間の女性たちのグループの人たちと挨拶をして30分くらい散歩して戻ってくると、まだそのグループの人たちは話をしていた。「何を話しているのかな？」と思って、話を聞いてみると、みんな人の話はあまり聞いておらず、その場のトピックについて自分の思ったことしゃべっているだけだった。つまり、このグループでは、情報自体を交換するよりは、むしろ人と仲良くなって繋がることに主な関心があるといえる⁵。これは、言葉が情報交換と同時に、人と繋がる道具であるという側面があることを示唆している。（この点は本田（2020）でも論じられている。また、張（2017）は、この点を男性と女性の談話の点から分析して、男性同士の会話スタイルは一人一人が自分の歌のパートを歌うソ

4　専門用語では、スコープと談話の領域という。

5　この傾向は、女性に強いようである（Tannen, 1991, 1994）。じっさい、犬の散歩仲間の男性が引っ越しをするというので、お別れ会を男性だけでやった時には、引っ越し先の情報を交換すると、他には喋ることがなく早々と会がお開きになった。

ロパート中心であるのに対して、女性的な会話スタイルは一緒に同じ歌のパートを歌うデュオパート中心であるとしている（張，2017, 本田，2020）。

　また、ASDの人たちはコミュニケーション能力が低いと言われることもあるが、必ずしもそうではないようである。ある日、私がASDの人たちの集まりに顔を出した時の印象である。ASDの人たちは、非常に話がよく噛み合っていていた。つまり、ASDの人たちは、ASDの人たちとはよく話が噛み合い、コミュニケーション能力はあると思われる。すると、ASDの人は、定型発達の人たちとの場合に限り話が噛み合わないというのが実情と言えるかもしれない。では、なぜASDの人と定型発達の人たちは話が噛み合わないだろうか？１つの可能性は、ASDの人は「思考内容の層」に重点を置いて情報交換をするために言葉を使う傾向が強いのに対して、定形発達の人は「人と繋がる層」に重点を置いて人と仲良くなるために言葉を使う傾向が強いということである。つまり、ASDの人と定型発達の人は、コミュニケーションのモードが異なると言えるかもしれない。カートグラフィーという文法モデルは、ASDの人が問題を抱える「人と繋がる層」も地図のように詳細に描き出すことができるため、**ASDの言葉の問題を捉えるのに適した文法モデル**となる。以下では、さまざまな文献で述べられているASDの言語の特徴をみながら、その特徴がカートグラフィーでどのように捉えられるかを一緒に考えていこう。

3. ASDの言語の問題（1）―論文の事例

　ASDの日本語の言葉に特化した文法研究はあまり多くない。しかし、ASDの言葉の特徴を扱った研究は少数ながらある。そこで、それらをみながら、ASDの言葉の特徴をカートグラフィーで捉えてみたいと思う。

3.1　綿巻（1997）―ASD者は「ね」を使わない

　ASD児の言語の特徴を探った研究として、綿巻（1997）がある（綿巻1997）。そこでは、健常児においては通例18ヶ月から24ヶ月にかけて発現する終助詞「ね」に焦点が当てられている。前にみた、相手と繋がる上層部

分の一番右端の要素である。

(8) [_相手と繋がる領域_ [_思考内容の領域_ 並べ―られ―てい―な―い]―の―よ―<u>ね</u>]
↑

　この研究では、6歳のASD男児と5歳の精神遅滞男児の発話を1時間にわたって記録した。すると、ASD児は終助詞「ね」を発話しないのに対して、精神遅滞児は頻繁に算出することがわかった。面白いことに、相手と繋がる層であっても、「ね」以外の終助詞（例えば、「よ」）であればASD児は発話をしていて、精神遅滞児と差はなかった。これはなぜだろうか？論文ではASD児は相互コミュニケーションといった社会対人機能が弱いためとしている[6]。この論文は、一人のASD児の1時間という短い発話の記録でしかないので、それがASD児の本当の特徴なのかな、と思われるかもしれない。そこで、最近テレビで発達障害の番組が多く放映されているので、そこに登場する子供たちの発話を詳しく観察してみた。すると、大まかに分けて、2つのタイプがあることがわかった。1つ目は、言葉自体が少ない**消極タイプ**。2つ目は、言葉が巧みな**積極タイプ**である。後者の積極タイプの子供は「ね」を使用していた。そして、消極タイプの子供は、たまに「ね」を使うものの、やはり「ね」の使用頻度は少ないという印象をもった[7]。

　では、終助詞「ね」を消極タイプのASD児が使用しないという点は、

6　この考えは、ASDを他者の心の状態を推測することで行動や意味づけを行う心の理論（theory of mind）の障害とする考えと符合している。たとえば、Tager-Flasberg（1992, 1993, 1994）などの研究がある（Tager-Flusberg 1992, 1993, 1994）。また、Baltaxe（1977）では、ドイツの青年期ASD者が、2人称の親疎の表現sieとduの使い分けに困難を持つことを示す点とも関係することが観察されている（Baltaxe, 1977）。

7　ここで、「ね」には2種類ある点に注意しよう。1つ目は、聞き手に語りかけるときに使われる対人的な「ね」で、上昇イントネーションで発音される。2つ目は、独り言などに生じる「ね」で、平板か下降イントネーションで発音される。ASD者の発話を注意して聞いてみると、聞き手がいても、独り言的な平板か下降イントネーションで用いられる「ね」が多いようである。

カートグラフィーではどのように捉えられるだろうか？まず、「ね」は英語の付加疑問文と似ていると言われることがある。たとえば、It is a nice day, isn't it? の下線部分が付加疑問文である。しかし、日本語の「ね」はより特殊である。たとえば、次の対話をみてみよう。

(9) 客：このお肉、いくらですか？

　　　店員：え〜と、100グラム300円になりますね。

　この「ね」は、店員が客と**共感**を持っていることを示すための**配慮表現**である。英語の付加疑問文には、このような共感の意味がないので、この店員の文を英語の付加疑問文で表現することはできない。カートグラフィーでは、この点を次のようにとらえる。まず、先にみた文の全体像を思い出してみよう。

(10) a.　並べられていないのだろうかしらね

　　　 b.　[相手と繋がる層 [思考内容の層 並べ―られ―てい―な―い]―の―か―しら―ね]
　　　　　　　　　　　　　　　　　　　　　　　　　　　　　↑
　　　　　　　　　　　　　聞き手指向

　ここで、相手と繋がる層には「よ」や「ね」などの単語が現れる場所[8]がある。文を地図のように見ると、(10b) の文の地図の中で、「ね」が現れる家があるようなイメージだろうか。消極タイプのASD児は、相手と繋がる層にある共感の場所がうまく使えないという可能性がある。ASDの大人たちの中でも、コミュニケーションが非常に苦手な人は、「の」を含めた相手と繋がる層の要素はどれも使わないという印象がある。
　この「ね」の特徴をさらにみていこう。先ほど紹介したように、最近ではテレビで発達障害が取り上げられることが多くなった。そのなかで、NHK

8　専門用語では、統語的位置（syntactic position）という。

のハートネットTVで取り上げられたASD児の女の子の事例をみてみよう[9]。そのASD児は、「ね」を使っていたが、やはり使用は少ないように感じられた。別の回では、男の子のASD児が登場したが、その子の方が「ね」の使用は少なく感じられた[10]。つまり、「ね」の使用頻度は、ジェンダーで差がある可能性がある。同じハートネットTVでは、アバターが取り上げられた際に、大人のASDの人も登場した[11]。ASDの大人も、「ね」は使っていた。しかし、自分なら「ね」を使うところに「ね」を使わないので、違和感を受けた。つまり、ASD者は「ね」の使用が少ないというのが正確な観察といえそうである。ここで注意が必要なのは、「来るよね」のように文末の「ね」と「太郎君がねその時ね…」や「ね〜もう〜行こうよう〜」のように文中や文頭では「ね」は違うという点である。たとえば、文末の「ね」の前には「よ」が生じて「来るよね」のように終助詞を重ねて使うことができるが、文中や文頭の用法では、「タロウがよね」や「よね〜」と終助詞を重ねることはできない[12]。テレビに登場したASD児も大人のASD者も文中や文頭の「ね」は、定型発達者のように普通に使っていた。カートグラフィーという文法モデルは、こういった同じ「ね」でも文頭と文末といったきめ細やかな違いも重視するので、ASDの言葉をとらえる際に適しているといえるかもしれない。

(11) a.　太郎が来たよね。

　　 b. ?? 太郎がよね

　　 c. ?? よね〜、いこうよ〜。

9　NHK障害福祉賞2019「うさぎと一緒に」

10　NHK障害福祉賞「もしも願いが叶うなら　山口歩さん」

11　「発達障害アバター大集合1　自閉スペクトラム症の人集まれ」「発達障害アバター大集合2　グレーゾーンの人集まれ」

12　ちなみに、終助詞「ね」の語源は、「ね〜」のような呼びかけからの転用という説が有力なようである。(小学館『日本国語大辞典（第2版）』第10巻637ページ)。

3.2 松本（2017）―ASD者は方言を話さない

つぎに、方言に着目したASD児の言葉の研究をみてみよう。そのような研究として、松本（2017）がある（松本，2017）。そこでは、青森や秋田で発達障害に関わる人にアンケート調査が行われた。すると、ASD児が青森や秋田の方言を話さないという回答が寄せられ、ASD児は方言を話さないという主張がなされている。皆さんは、青森や秋田の方言がどのような感じかご存じだろうか？たとえば、津軽弁では、「しない」は「しねぁ」や「さねぁ」となり、「すれば」は「せば」、命令形の「しろ」は「しれ」「せ」となる。

(12)「しない」（共通語）vs.「しねぁ」または「さねぁ」（津軽方言）
　　「すれば」（共通語）vs.「せば」
　　「しろ」（共通語）vs.「しれ」または「せ」

では、なぜASD児は青森や秋田の方言を使わないのだろうか。この論文では、方言は相手との心理的な距離の近さを表すが、ASD児は**社会性**に障害を持つため方言を用いないというのが主な理由とされている。そのためか、ASD児は対人関係を必要としないDVDやTV放送（標準語）で方言が用いられている場合には、方言を習得して発話するようである。

この論文では、ASD児が青森や秋田の方言を使わないとしているが、これはすべての方言についていえるのだろうか？私の知り合いに自らASDである北海道出身のお医者さんがいる。北海道と青森や秋田は地理的に比較的に近いのであるが、北海道の方言は標準語とそれほど大きくかけ離れていない。そのお医者さんは次のように言っていた。「自分は小さい頃から北海道の方言を使っていた」、「青森の大学の医学部を出た後で、青森の病院で現地の人に問診した時、30分くらい話を聞いたが何を言っているのか全くわからなかった」。ここから、ASD児がすべての方言を使用しないのではない、という可能性があることがわかる。

このお医者さんは、さらに次のようにも言っていた。「あらたまった口調のスタイルとそうでないスタイルを区別するときに苦労する。そんなとき

には、「である・る」調に統一して話をすることがあるけれど、ある日奥さんから「なんでそんなあらたまった話し方をするの？」と質問をされて困った」。つまり、ASD にとっての問題は、**スタイルの切り替え**にあるようである。方言と標準語が大きくかけ離れていれば、その切り替えが難しいため、そのような方言は使わない可能性がある。つまり、ASD の言葉の研究を進めるうえでは、方言にもバリエーションを認める必要がある。カートグラフィーでは、このようなバリエーションも重視する[13]。

　このバリエーションをキーワードにして、先ほどみた「ね」と ASD の言葉の特徴をカートグラフィーで探ってみよう。まず、「ね」と同じ「な行」の終助詞に「な」がある。この「ね」と「な」は一緒に現れると次にみるように不自然な表現となる。

(13) ?? 来た<u>な</u><u>ね</u>。

　これはなぜだろうか？この点について、先ほどみた地図を見ながら、考えてみよう。

(14) a.　並べられていないのだろうかしらね

　　　b.　[相手と繋がる層 [思考内容の層 並べ―られ―てい―な―い]―の
　　　　　―か―しら―<u>ね</u>・<u>な</u>]
　　　　　　　　　　　　　　　↑

　「な」と「ね」は、相手と繋がる層の右端にある。これが同時に現れない理由は、右端にある「ね」や「な」の入る場所の特徴にある。この点を理解するために、次の状況を想像してみてほしい。皆さんは、1人でアパートにいる。外で消防車のサイレンの音がした。この場合、皆さんは、次の「ね」が文末に生じる（16a）と「な」が文末に生じる（16b）のどちらを発話するだろうか？

────────────
13　たとえば、Endo (2018) など（Endo 2018）。

98

(15) a. 火事だね。
　　 b. 火事だな。

　答えは、「な」の方である。「ね」は相手との共感を表すので、聞き手が必要である。一方、「な」は相手への共感よりも、自分の内面を表すので、聞き手が必要とはならない。ここから、相手と繋がる層には、「ね」の生じる共感が関わる場所の他に、「な」の生じる話し手の内面が関わる場所の2つがあることがわかる。このように、ことばの生じる場所の種類を分けて言葉の地図を描くというのがカートグラフィーの手法である。「ね」は相手への共感を表す場所で、「な」は自分の内面を表す場所なので折り合いが悪く、これら2つの場所を同時に活性化できないのである。先ほど見た地図の例えを使うと、Aさんの家とBさんの家があり、相性が悪いので喧嘩になってしまうといったイメージである[14,15]。ASDの人は、共感の「ね」の場所を使うのが得意ではないが、自分の内面を表す「な」の場所は使うようである。さきほどご紹介した、テレビなどで登場するASD児や大人の発話にも「な」は、普通にみられた。「な」は対人関係よりも自分の内面をあらわすので、「話し手指向」と言える。これは、「ね」が対人指向であるのと対照的である。

4. ASDの言語の問題（2）―観察事例から

4.1 「の」―自分の内面
　つぎに、ASDの言葉を観察した事例をみてみよう。あるシンポジウムで

14　「ね」と「な」を区別したり、Aさんの家とBさんの家を区別したりするのは当たり前だと思われるかもしれないが、従来の文法研究は、一般性を重要視するあまり「な」も「ね」も同じ終助詞だという点を強調する傾向がある。たとえば、Uyeno（1973）は、「な」と「ね」は同じものの別のものの現れ（=variant）と主張している。カートグラフィーは、バリエーションを重視するので、こういった「な」も「ね」も別物として扱う。
15　専門用語では「相補分布」という。

言語聴覚士の仕事をされている方からASD児について教えていただく機会があった[16]。そこで印象に残っているのが、ASD児の発話には文末に「の」が多い、という発言である。この点についての論文はないので、前の節で述べたテレビ番組等でASD児の発話を注意深く観察してみた。すると、やはり文末の「の」が多く観察できた。例えば、次のような発話である。

(16) これは僕がやるの。

　この「の」は、カートグラフィーの地図では、やはり相手と繋がる層にある。

(17) a.　並べられていないのだろうかね
　　　b.　[_{相手と繋がる層} [_{思考内容の層} 並べ—られ—てい—な—い]—の—か—ね]
　　　　　　　　　　　　　　　　　　　　　　　　　　　　　↑

　この場合、「の」は、人と繋がる層の左端にある要素である。この「の」の特徴は何だろうか？そこでのキーワードは「視点」である。人は言葉を使ってさまざまな社会活動をするのであるが、そのひとつに、人とつながろうとする「行為」がある。例えば、「おはよう」という挨拶は、言葉を用いて人とつながろうとする行為である[17]。「これ食べる？」という問いも、言葉を用いて人とつながろうとする行為であるが、相手に情報を求めるという点で聞き手重視の視点を持った行為となる。ところが、これに「の」がついて「これ食べるの？」になると、聞き手に情報を求めるよりは、話し手寄りの視点から驚きを表す行為になる。つまり、「の」は話し手寄りの視点を表す表現といえる。

16　2019年1月29日に国立障害者リハビリテーションセンター研究所で開催されたシンポジウム「発達障害者の言語: 階層性と意図共有の接点」

17　専門用語では、「発話行為」（speech-act）という。

（18）おはよう
（19）a．これ食べる？
　　　b．これ食べるの？

　こういった視点を表す表現には規則性がある。この点を理解するために、次の文を考えてみよう。

（20）［うちの子が本当にこれを食べる<u>のか</u>］を尋ねてみた。

　ここでも、動詞「食べる」に「の」がついているが、話し手の驚きは表していない。これはなぜだろうか？これについて、次にみるカートグラフィーのルールが有効である。

（21）人とつながろうとする層の言葉の行為は<u>右端で示される</u>

　（19b）にある文末の「の」は、文の右端に位置するので、話し手が人とつながろうとする行為を表す。これに対して（21）の「の」は、埋め込まれた文の中にあり右端の文末にはないので、人とつながろうとする行為を表さないわけである。ASD児が頻繁に発するのは、文末にある「の」なのである。文末の「の」は話し手寄りの視点を表すので、話し手は聞き手に対して配慮をするよりもむしろ自分の内面を表すことに関心がある。そのため、「まだ食べるの？」という疑問文は、相手に配慮するよりはむしろ自分の驚きを表すことになるのである。また、この文末の「の」は話し手寄りの視点を表すので、話し手の強い思い込みも表す。そのため、文末の「の」は、話し手の思い込みと現実との間に大きなギャップを感じてイラッとして使われることがよくある。以上は、次のようにまとめることができる。

（22）ASDの人は、自分の内面に視点を向けやすい。

　この性質のため、ASDの人は人とつながろうとする行為がおくれるの

も、そのためかもしれない[18]。

4.2　上から目線のことば

　つぎに、エピソードを1つ紹介する。私がある学会でASDの話をしたところ、ある女性から自分のASDの子供についてお話をいただく機会があった[19]。子供といっても20歳になる立派な男性である。その方は、関西の方なので、関西の方言を使って家では会話をしている。ある日、その母親の方

18　ASD児の自分の思いと現実との間のギャップを端的に表すエピソードをひとつ紹介する。ASD児の母親が、自分の子供の言葉の遅れを心配していた。5歳になっても一言も言葉を話さない。ある日、その子と母親が外食をした。子供が少し自分の食べ物を残していたのを店の人が見て、もう食べ終えたと思って片付けようとした。すると、その子供は、次の発話をした。
　　（i）　まだ食べる！
　そのASD児のはじめての発話は、「ママ」でも「パパ」でもなく、「まだ食べる！」だったのである。ここで、子供は、自分がまだ食べているという自分の内面と店員が自分の料理を片付けようとする現実のギャップにイラッとして初めての発話を行ったわけである。
　【発達障害 子育て】息子の言葉に感情が宿った？自閉症児の育児、今までで一番嬉しかったこと（https://h-navi.jp/column/article/35027071）
　ASD児は、必ずしも言葉の遅れがあるわけではない。むしろ、定型発達の子供よりも早い時期に言葉を発する子供もいる。たとえば、前の節で見たNHKのハートネットTV（NHK障害福祉賞2019「うさぎと一緒に」）で紹介されていた6歳児の女の子ススキちゃんは、はやくから言葉を使いはじめ、非常に流暢に言葉を発する。ときどき自分の思いつくままに話すためか、いろいろなトピックに話が飛ぶことはあるが、音声だけ聞いていると定型発達の6歳児よりもずっと流暢に言葉を使う。言葉の遅れ（方）がほかのASD児とは異なり、終助詞の「ね」も上昇イントネーションで自然に使う。ここから、ASD児の言葉には、敏感なタイプと鈍感なタイプがあるといえるかもしれない。
　一方で、ASDは自分の内面に視点が向きやすいので、内省の力が非常に強く、それを活かした職業で成功する人も多いといわれている。たとえば、学者、職人など。
19　2019年11月17日に名古屋学院大学で開催された日本言語学会のワークショップ「発達障害の言語の問題をカートグラフィーで捉える」

は自分の息子から「その言い方、やめて」と言われて困ったそうである。「何がいけないのかわからないのです。先生、わかりますか？」という相談である。私は東京出身で関西方言はよくわからないので、いろいろ質問をしてみた。その結果、次の特徴がわかった。

(19) 特徴1: その表現は、文末の表現
(20) 特徴2: その表現は、目下の人が目上の人には使わない表現

　まず、文末表現であるから、それは話し手が聞き手とつながろうとする表現である。そして、目下の人が目上の人に使わない表現であるから、それはいわゆる上から目線の表現である。

(21) [相手と繋がる層 [思考内容の層 並べ―られ―てい―な―い]―の―か―<u>ね</u>]
　　　　　　　　　　　　　　　　　　　　　　　　　　　　　　　　↑

　つまり、上から目線の表現をASDの人は嫌う可能性がある。ASDの人は少数派であるから、多数派の中ではいつも見下されると思ってしまう[20]。そこに上から目線の表現を使われると、攻撃されているように感じるというASDの人がいた。つまり、上から目線の表現でさらに見下されて不快になった可能性がある。

4.3　攻撃的な言葉

　これとの関係で、ASDの人が嫌いと思われる表現をもうひとつみてみよう。そこでのキーワードは、先ほども出てきた「攻撃的」である。まず、攻撃的とは何かを理解するために、次の文を吟味してみよう。

(22) 何してるの？

20　この点は、特に男性に強く現れる。

　さきほどもみたように、「の」が文末にあるから、これは話し手が聞き手とつながろうとする表現になる。では、これに別の終助詞「よ」をつけてみよう。

(23) 何してるのよ？

　何か強い口調が感じられないだろうか？じっさい、私の授業で漫画『スヌーピー』のセリフを学生と一緒に分析していた時に、「の？」という疑問文を使う登場人物の表情は穏やかなのであるが、「のよ？」という疑問文を使う登場人物の表情は険しく攻撃的であることがわかった[21]。これはなぜだろうか？この点を、「よ」が生じる次の文をみながら考えてみよう。

(24) あのー、ハンカチ落としましたよ。

　ここでは、文の一番右端に「よ」が使われているので、話し手が聞き手とつながろうとする表現になる。そして、話し手が聞き手に注意をしているから注意すること自体に関心があり、相手への配慮はない。カートグラフィーでは、このような場合、聞き手への配慮のある共感の「ね」の現れる場所とは別に、聞き手への配慮のない「よ」の現れる場所があると考える[22]。

21　詳しくは、遠藤・前田（2020）を参照（遠藤・前田, 2020）。
22　先ほどみた次の会話を思い出してみよう。
　　(7)　客: このお肉、いくらですか？
　　　　店員: え～と、100グラム300円になりますね。
　　　　「ね」は共感を表すので接待をするのに適している。一方、これを「よ」に変えると変になる。
　　(7')　客: このお肉、いくらであすか？
　　　　店員: ？え～と、100グラム300円になりますよ。
　　　　これは、相手に配慮しない突き放した感じを聞き手に与えるので、接待の表現としては不適切になるためである。

(25) [_{相手と繋がる層} [_{思考内容の層} 並べ―られ―てい―な―い]―の―よ]

↑
配慮なし

　じっさい、「よ」が疑問文に使われると聞き手への配慮が感じられないため、聞き手から答えをもらうよりは、自分の内面を表す攻撃的な修辞疑問文になる。

(26) 誰が好き好んで税金なんてはらう<u>かよ</u>。[23]

　ここでは、「か」という疑問の助詞が「よ」を伴って用いられている。この場合も、「かよ」は文の右端にあるから、やはり話し手が聞き手とつながろうとする表現になる。では、どのような態度で繋がろうとしているのだろうか？「よ」は、聞き手に配慮を示さないので、相手への共感がない。「よ」がもつ配慮や共感のなさが**攻撃的**な雰囲気を生み出すといえる。じっさい、知り合いのASDの人は、「のよ？」のような表現が嫌だと言っていた。それは、ASDの人が、攻撃的であることに対して敏感であることを示している可能性がある。
　また、別のASDの子供をもつある母親のエピソードをみてみよう。そのASD児は、母親が文末で「ね」を使うと怒るというのである[24]。これを聞くと、「あれ？ASD児は「ね」の場所が使いにくいのではなかったっけ？」と思われるかもしれない。ここで、カートグラフィーの発想法をみてみよう。2つの異なる特徴のある言葉の要素を**分解**して考えるという発想である。例えていえば、所沢という街で、西側と東側で異なる特徴があれば、2つに分解して地図で線を引くといった感じである。これと同じ発想で、ASDを2つのサブグループに分解してみることができる。1つは、既にお話

23　実は、上の文はあるドイツ語の文を直訳した文なのであるが、そこでは「よ」に対応する談話接辞が使われている。

24　「自閉症の息子、否定されるとパニックで自傷…！親子で向き合わなくてはいけない課題とは」【LITALICO発達ナビ】（https://h-navi.jp/column/article/35027509）

したように、共感の「ね」の入る場所が使いにくい**鈍感タイプ**。そして、もう1つは、共感の「ね」に非常に**過敏なタイプ**である[25]。あるASDの人は、「自分の領域に、共感の「ね」を使って踏み込まれると、気分が悪い」と言う。相手は、好意を持って共感を示そうとして「ね」を使っていても、「ね」に過剰に敏感なASDの人には、大きなお世話になってしまうのであろう。最近は、サイコパスの反対に、共感が過剰に過敏なエンパスというタイプの人がいるという指摘がなされている。エンパスの人は、他人が痛がっているとあたかも自分も痛いように感じてしまうそうである[26]。「ね」を使うと怒る子供は、エンパスの可能性がある[27]。つまり、共感の場所が過敏に反応するタイプである。

　ここまで読まれると、文の地図に現れるASD児の言葉の問題にまつわるある規則性があることに気がつかれるかもしれない。下の地図を見てみよう。相手と繋がる層に現れる要素の中でも、左側に生じる「の・な」は自分の内面を表すのに対して、右側に生じる「よ・ね」は話しかけたり共感したりする相手を必要とする。ある意味、前者は話し手にベクトルが向いている「話し手指向」であるのに対して、後者は聞き手にベクトルが向いている「聞き手指向」という感じである。ASD児の言葉の特徴は、「話し手指向」といえるかもしれない。

(27) [相手と繋がる層 [思考内容の層 並べ—られ—てい—な—い]—の・な—よ・**ね**]

　　　　　　　　　　　　　　　　　　　　　　↑　　　　↑
　　　　　　　　　　　　　　　　　　　話し手の内面　相手に関わる
　　　　　　　　　　　　　　　　　　　（話し手指向）（聞き手に指向）

25　よく知られているように、ASD児には視覚や聴覚に過敏な人がいる。

26　エンパス解説書としては、オルロフ（2017）を参照（オルロフ・ジュディス 2019）。

27　終助詞を使用しなかったASD児でも訓練によって使用するようになったとの報告もある（佐竹・小林，1987, 松岡他，1997）。つまり、不活性でも、訓練により活性化される可能性があるわけである。しかし、この訓練は、過剰に過敏なタイプのASDには逆効果になるので、注意が必要である。

4.4 「こ・そ・あ」の視点―話し手と聞き手

　最後に、こういった話し手や聞き手といった点に着目する海外の ASD 研究をみてみよう。まず、少し古い研究であるが、Baltaxe（1977）は ASD の言葉の特徴を、話し手や聞き手といった切り口で紹介している（Baltaxe, 1977）[28]。そこでキーワードとなるのが、「話し手」と「聞き手」である。たとえば、ある ASD 児は、but this time *I* couldn't get back into the children's unit というべきところを but this time *you* couldn't get back into the children's unit という具合に、話し手の情報を表わすのに I ではなく聞き手情報を表わす you を用いるというのである。これは、なぜだろうか？答えのヒントは、前にお話した日本語の「ね」にある。「ね」は話し手が聞き手に「共感」をもって用いる表現で、相手と繋がる層に現れる要素の中でも、右端の共感の場所に現れる。これは、相手と繋がる層に現れる要素の中でも、左端の話し手の内面のための「な」の場所と対照的である[29]。

(28) [相手と繋がる層 [思考内容の層 並べ―られ―てい―な―い]―の・な―よ・<u>ね</u>]

↑　　　　↑

話し手の内面　相手に関わる

　英語には「の・な」や「ね」といった終助詞がないので、英語の聞き手に配慮する共感の「ね」の場所や自分の内面を表す「の・な」の場所がないように感じられる。しかし、カートグラフィーでは、英語の話者にも、日本語の話者と同様に、話し手と聞き手が関わる要素が入る場所があると想定する。そして、その場所が I や you といった話し手と聞き手の要素を制御していると考える[30]。いわば遠隔操作である。すると、英語でも日本語と同様に、ASD の言語の問題は、話し手や聞き手といった人とつながろうとする層にある可能性がある。

28　この節で紹介する海外の論文をご教示くださった木山幸子氏に感謝する。

29　Tenny（2006）がこの点を詳しく扱っている（Tenny 2006）。

30　専門的には、話し手の場所が I などの話し手の要素と一致（Agree）するという。

　話し手や聞き手という視点からなされた比較的最近の研究として、Hobson et.al.（2010）がある（Hobson et al. 2010）。そこでは、ASD児がhere/there、bring/takeといった表現を間違えると報告されている。たとえば、「聞き手の近くにあるもの」や「自分から聞き手のほうに移動する」事柄を「自分の近くにあるもの」や「自分の近くに移動する」事柄のように表現する。この点を理解するために、日本語の「こ・そ・あ」という表現をみてみよう。「こ」は、「これ、ここ、こちら」という表現で話し手の近くを指す。そして、「そ」は、「それ、そこ、そちら」という表現で聞き手の近くを指す。最後に、「あ」は、「あれ、あそこ、あちら」という表現で話し手にも聞き手に近くないものを指す。ASD児は、こういった「こ・そ・あ」の使い方が定型発達の児童とは異なるようである[31]。これはなぜだろうか？カートグラフィーでは、相手と繋がる層について、ASD児は話し手の場所と聞き手の場所がうまく使えておらず、ASD児は、英語の「こ・そ・あ」が定型発達の児童とは異なるという可能性がある。

(29) [相手と繋がる層 [思考内容の層 並べ―られ―てい―な―い]―の・な―よ・ね]
　　　　　　　　　　　　　　　　　　　　　自分の内面（＝自分の近く）に重点

　また、同じ論文では、ASD児が感情にまつわる（emotional connotation）表現を避けるという傾向も指摘されている。たとえば、Is that what you would do when you get married? という具合に自分の気持ちをきかれたASD児は、Yes, that's exactly what people would do when they get married と客観論でクールに答えを返したとされている。これは、感情を避け、客観的な表現を好むというASD児の特性と思われる。日本語でも、感情にまつわる表現は、相手とつながる領域にある。「かしら」「かもね」といった文末表現である。

31　「これ」は、話し手の近くにあるものを表し、「それ」は聞き手の近くにあるものを表す。そして、話し手からも聞き手からも遠いものは、「あれ」で表す。これは、心理的距離についても、当てはまる。たとえば、電話をしていて、自分の家が火事になったと聞かされると「これは大変だ」になり、あまり親しくない人の家が火事になったと聞かされると「それは大変であるね」になる。

(26) [相手と繋がる層 [思考内容の層 並べ―られ―てい―な―い]―の―か―しら・
　　 も―ね]
　　　　↑
　　感情が関わる場所

　ここでは、疑問の助詞「か」の後ろに「しら」がついて話し手の気持ちが
表されている。カートグラフィーでは、文末の相手と繋がる層に「気持ち」
を表す場所もあると想定する。そして英語の場合は、この場所に現れる語は
ないものの、気持ちを表す場所があると考える。つまり、英語の話者は、気
持ちを表す場所はあるものの、そこに入る単語が日本語のように豊かではな
いのである[32]。気持ちを表す語が乏しいため、英語では感情をイントネーシ
ョンやジェスチャーで表す。皆さんは、日本人がアメリカやイギリスの人と
話をしているのをみて、「大袈裟だな〜」という印象をもたれたことはない
だろうか？英語の話者は、感情をイントネーションやジェスチャーで豊富に
表すのに対して、日本語の話者は言葉で豊富な感情を表せるので、わざわざ
ジェスチャーやイントネーションを使う必要がないのである。英語と似た言
語としては、他にもイタリア語やスペイン語がある。そこでも、感情専用の
表現が日本語ほど豊かでないため、感情を声の抑揚やジェスチャーで表す。
そのため、日本人がイタリア人やスペイン人のように声の抑揚やジェスチャ
ーで日本語を話すと、違和感を受ける。これは、感情を言葉とジェスチャー
で表現するため、二度手間になっているからである。
　最後に、ASD の英語の特徴として、引用のような文を話す点をみてみよ
う。日本語でいえば、「あたし疲れちゃったって感じ」といった文である。
ASD の成人が、I felt I was too old to be at home というべきところを I feel
you are too old to be at home と発話した事実が指摘されている。つまり、相
手が you are too old to be at home と言った表現を、そのままおうむ返しに引
用のように使っているのである。おうむ返しの発話は ASD の言葉の特徴の

32　もちろん、英語で感情を表すことはある。たとえば damn などの「ののしり語
　　（epithet）」はあるが、数は日本語と比べて非常に少ない。

ひとつである。たとえば、ASD児は母親の言ったことをそのまま発話することが多いとされている。カートグラフィーでは、「あたし疲れちゃった<u>って</u>感じ」や「そんなバカな<u>と</u>言った」のような引用を表す場所があると考える。

4.5　養育

　最後に、養育という観点からASDの特徴をみてみよう。荒井・中村（2016）では、養育者とASD児の発話を観察している（荒井・中村, 2016）。そこでは、どのような言葉かけがASD児に有効かを調べ、言葉を選べばASD児の養育に有効であることが示されている。具体例をみよう。まずは、ASD児にとって理解が難しい言葉をみる。

(27) a.　〜でしょ？

　　　b.　大丈夫？

　　　c.　よかった・ばっちり。

　次に、ASD児にとって理解がしやすい言葉をみよう。

(28) a.　〜って言えばいいね。

　　　b.　お腹が痛いの？

　　　c.　お箸でうまく食べれたね。

　これらの違いはなんだろうか？キーワードは、「具体的」である。この点を言語学では、タイプ（type）とトークン（token）という言葉で区別する。たとえば、ある女の子が「太郎君みたいな男の子が好き」といった場合、この女の子は太郎くんの持っている性質（タイプ）が好きといっているだけで、太郎君そのものを好きといっているわけではない。これをタイプという。上の例では、「太郎君タイプの男の子が好き」というわけである。一方、「太郎君<u>って</u>子供、最近元気だね」とあるお母さんが言った場合、太郎君に似た性質をもった子供ではなく太郎君そのものを指している。これを

トークンという。ASD 児はある意味、トークン指向といえる。そのため、ASD 児への言葉掛けには、トークンの指向が有効と言えいえる。この区別は英語にもある。次の例をみてみよう。

(29) a. I like a girl <u>like/such as</u> Jane.
    b. I like the girl *Jane*.

　ここで、like や such as は日本語の「〜のような」という意味のタイプ表現である。(29a) を発話した男の子は、ジェーンの性質を持っている女の子（たとえば、優しい、気が利く等）の性質を指しているわけで、この男の子が好きなのはジェーンそのものでなくてもいいのである。（人物を特定できないので、<u>the girl such as /like Jane</u> のように the をつけることはできない。)[33] それに対して *AB* や A "B" と表記される表現（言語学では同格 (appositive) と呼ばれる）を発した男の子は、ジェーンそのものが好きと言っているわけである。この意味で、英語の ASD 児の苦手なのは、such as/ like のようなタイプ表現ということになる。同様に、次に見るように日本語では、引用の表現を導入する「と」という要素がある。（この点については、本書の Rizzi 氏の章も参照。）

(30) a. 太郎は「あっ、俺の家が火事だ！」とつぶやいた。
    b. 太郎は彼の家が火事であるとつぶやいた。
    c. ?John said that oh it's on fire.
    d. John said that it was on fire.

　ここで、(30a) で「家が火事だ」という部分がトークンといえる。ASD 児にとってわかりやすい表現を考えるときは、この「と」を意識すると良いかもしれない。（一方、(30b) で「彼の家が火事である」という部分は一歩引いたタイプといえる。）英語の that にはこのような引用の用法がない

33　これは冠詞がない日本語の母語話者がよくする間違いである。

ので、ASD児にとって優しい表現を意識するのが難しそうである。そのため、英語の話者には、such as/like は使わないトークン指向が望まれる[34]。

　ここで、上で述べた具体的で明示的な言葉がASD児には好ましいという点を示すエピソードを紹介しよう。前に登場したASDのお医者さんから教えていただいた話である。ASD児とは言っても高校生であるが、その人は高校生になるまで言葉を発しなかったそうである。ある日、隣のおばちゃんに「何も喋らなかったら、あなたが何をしたいのかわからないよ」という趣旨のことを言われたそうである。そのとき初めて、そのASD児は言葉がコミュニケーションの道具であることに気がついて、それからは言葉を発するようになったそうである。この話は、明示的なトークン指向のアドバイスがASDの人には有効であることをよく表していると思われる。

5.　おわりに—当事者からの声

　以上、ASDの言葉の問題について、皆さんとともにカートグラフィーというモデルで捉えてきた。前に述べたように、カートグラフィーの特徴は、バリエーションを重視するという点にある。この点を、私が個人的に話す機会があったASD児をもつある母親の次の発言に着目しながらみてみよう。

(27) うちの子がASD児であることを、ありのまま受け入れることにしてから気持ちが楽になった。

　共感の「ね」や内面の「な」でみたように、定型発達の人が世間やまわりの目を気にしたりしながら生活する（「ね」型）のに対して、ASDの人は自分の内面を見ながら生活する（「な」型）傾向が強いようである。このよう

34　カートグラフィーでは、引用の「と」の用法を示す「と」に対して、Report Phraseという範疇を設定することができる（Saito 2015）。スペイン語のqueは英語のthatと似た側面もあるのだが、引用を導入できる点では日本語の「と」に近いといえる。英語でも、アパラチア方言ではthatとともにsayを用いると引用の用法が可能である（Bartosz Wiland（私信））。

な「な型」の自分の内面中心のASDの世界は、多数派とは違うことから、日本ではASD児が「自己中」とか「宇宙人」と言われることがある。しかし、よくみると定型発達の人の間にもバリエーションがあるから、皆がこういったバリエーションを面白がってそのありのままを受け入れるという姿勢が大切だと思われる[35]。

　また、あるASDの中学校の教師の方が、次のように言っていた[36]。

（28）生徒が一番生き生きするのは、自分流のやり方で物事をやっている時だ。[37]

　そして、その教師は、「生徒はある人物に憧れることがある。しかし、その憧れた人の真似をしようとした途端、その生徒の生き生き感が消える」とも言っていた。これはなぜだろうか？それは、憧れは自分が持っていないものを相手に求めているため、自分流の視点が抜け落ちてしまうからだそう

35　ある教室では、ここの生徒のありのままの違いを面白がって受け入れるということをしたら、ひきこもりの生徒が普通に登校するようになったというエピソードがある（いもいも-はなまる学習会における「表現・コミュニケーション」の教室 https://www.hanamarugroup.jp/imoimo/）受け入れられると安心感があるのだろう。この点でASD児にも、ありのままを受け入れることで安心感を与えることが有効である。

36　教育との点で、ASDにおける言語の問題を言語教育の点から手短に述べる。子供の望んでいることをたくさんやってあげる「過保護」は良いのだが、望んでもいないことや嫌がっていることをやりすぎる「過干渉」は困る（佐々木1998, 2001, 2011）。つまり、ASD児には寄り添う共感の視点が大切だと思われる。では、理解して共感する型の教育や支援はあるのだろうか。有望な候補として教育の分野における「学習者オートノミー（学習者の自律性）」がある。これは教師が訓練するのではなく、アドバイジングやコーチングのスタイルをとり、学習者と1対1で行われる対話を通して学習者のメタ認知能力を高め、内省を促すことを目指す（Kato, 2015）。この学習者オートノミーの分野でASDの教育がなされた例はほとんどない。将来に期待が寄せられる。

37　自分流のやり方で物事をすることには、「いたずら」や「ズル」も含まれる。これらも、おもしろがって受け入れると子供は安心して、いきいきとする。

である。他人の目を気にする定型発達の生徒よりも、他人の目を気にしない ASD 児は生き生き感やワクワク感が残りやすいようである[38]。カートグラフィーで言えば、感情表現の層である。また、ASD の人は、定型発達の人よりも表情が乏しいといわれることがある。これは、定型発達の人たちが世間の目を気にして生活をするため、自分が攻撃をしていない証として微笑むことと対照的である。「の」や「な」の層で代表される自分の内面を中心に生きる ASD 児にとって、表情はあまり重要でないのだろう。「よ」や「ね」で代表される世間の目を気にする定型発達の人も、こういったバリエーションを受け入れることで、住みやすい社会になることが望まれる。日本は、他の人と同じであることへの同調圧力が非常に強い国であると思われる。一方ヨーロッパには、他人と同じことはカッコ悪いことだという、バリエーションを重視する傾向が強い国があるという話を聞く。これからは、他者との違いを面白がって受け入れるバリエーション重視の視点が日本にも導入されれば、ASD 児にも生きやすい風通しの良い伸び伸びとした社会が生まれるのではないだろうか。

　最後に、言語を研究する立場から、日本語という言語が ASD 者にとって使いやすい言語なのかについて私見を述べたい。野田（2015）で詳細に述べられているように、日本語はコンテクスト（文脈）に依存する高コンテクスト言語である（野田，2015）。「食べる？」という表現だけで、その主語が「あなた」で、食べる対象が話題になっている食べ物であることがわかると、省略できる。コンテクストから復元できる情報は、削除できるわけである。一方、欧米の低コンテクスト言語では、英語のように主語の情報は省略することが少なく、動詞の語尾といった文の中の情報から省略された要素を復元する。たとえば、イタリア語やスペイン語では主語を省略することができるが、その情報は動詞の語尾から復元できる。ASD 者は自分の内面を重視するため、日本語のように周りの状況を見ながら言葉を処理するのは難しいのかもしれない。この意味で、日本語は ASD 児には使いにくい言語といえるかもしれない。ASD 児には使いやすいであろう、あまり省略などをし

38　逆に、他人の目を気にしすぎる ASD 児もいるようである。

ない表現を使うという配慮が必要かもしれない。

参考文献

Baltaxe, C. A. (1977). "Pragmatic deficits in the language of autistic adolescents." *Journal of Pediatric Psychology* 2(4): 176–180.

Endo, Y. (2018). "Variation in wh-expressions asking for a reason." *Linguistic Variation* 18(2): 299–314.

Hobson, R. P., R. M. García-Pérez and A. Lee (2010). "Person-centred (deictic) expressions and autism." *Journal of autism and developmental disorders* 40(4): 403–415.

Kato, S. J. Maynard (2015). *Reflective Dialogue: Advising in Language Learning*. London, Routledge.

Saito, M. (2015). "Cartography and selection: Case studies in Japanese." *Beyond functional sequence*: 255–274. Oxford University Press.

Tager-Flusberg, H. (1993). "What language reveals about the understanding of minds in children with autism." *Understanding other minds: Perspectives from autism*. Oxford University Press.

Tager-Flusberg, H. (1994). *Dissociations in form and function in the acquisition of language by autistic children*. Psychology Press.

Tager-Flusberg, H. (1992). "Autistic children's talk about psychological states: Deficits in the early acquisition of a theory of mind." *Child development* 63(1): 161–172.

Tannen, D. (1991). You just don't understand: Women and men in conversation, William Morrow & Co.

Tannen, D. (1994). *Talking from 9 to 5: Women and men in the workplace: Language, sex and power*, William Morrow & Co.

Tenny, C. L. (2006). "Evidentiality, experiencers, and the syntax of sentience in Japanese." *Journal of East Asian Linguistics* 15(3): 245–288.

オルロフ・ジュディス(2019)『LAの人気精神科医が教える 共感力が高すぎて疲れてしまうがなくなる本』東京：SBクリエイティブ

荒井沙也香・中村真 (2016)「自閉症スペクトラム児に関わる療育者の発話分析」『東京成徳大学大学院心理学研究科臨床心理学研究』(16): 45–53.

佐々木正美 (1998)『子どもへのまなざし』福音館書店

佐々木正美 (2001)『続 子どもへのまなざし』福音館書店

佐々木正美 (2011)『完 子どもへのまなざし』福音館書店

佐竹真次・小林重雄 (1987)「自閉症児における語用論的伝達機能の研究：終助詞文表現の訓練について」『特殊教育学研究』25(3): 19–30.

松岡勝彦・澤村まみ・小林重雄 (1997)「自閉症児における終助詞付き報告言語行動の獲得と家庭場面での追跡調査」『行動療法研究 23(2): 95–105.

松本敏治 (2017)『自閉症は津軽弁を話さない―自閉スペクトラム症のことばの謎を読み解く』福村出版

前田雅子・遠藤喜雄 (2020)『カートグラフィ』開拓社

張允娥 (2017)『友人同士の自由会話におけるポライトネス・ストラテジー：同性間の会話からみる日韓差とジェンダー』大阪大学博士論文

本田秀夫 (2020)"改めて「発達障がい」とは何か考える"　令和2年度発達障害者支援事業「ぽぽむ」講演会、from https://www.youtube.com/watch?v=4Tgj_BF15_M.

綿巻徹 (1997)「自閉症児における共感獲得表現助詞「ね」の使用の欠如：事例研究」『発達障害研究』(19): 146–157.

野田尚史 (2015)「世界の言語研究に貢献できる日本語文法研究とその可能性―「する」言語と「なる」言語，高コンテクスト言語と低コンテクスト言語の再検討を中心に―」益岡隆志『日本語研究とその可能性』開拓社: 106–132.

第5章

社会的言語の個人差：
定型発達者における自閉傾向の影響

木山幸子

1. はじめに

　人間が生まれてはじめてのことば、すなわち母語を獲得するときには、周りの大人からことばの意味や文法を逐一教えられて覚えるわけではない。典型的には、周囲から与えられることばの刺激に反応しながら、いつの間にか基本的なことばを自在に使えるようになる。本当はそれまでにとてつもない苦労をしているはずだが、ふつうそのことは覚えていない。

　言語の普遍文法を想定する生成文法（Chomsky, 1965 等）では、子どもがことばを獲得する過程は生得的な能力に依っていると考える。子どもに障害がなく一定の言語の入力が与えられれば、その環境で使われていることばは、母語の知識として必ず自動的に獲得されるという種均一性が想定される。たしかに、もしそのような装置がなければ、私たちはことばを使って他者と意思疎通を図ることはできない。自分と他者とをつなぐ共有の仕組み―文法構造―がなければ、自在にことばを組み合わせて新しい独自の考えを伝えあうことはできない。

　その一方で、共通の文法を使って、実際にどのようなことばを選びとって情報や自分の考え、意思、感情などを他者と共有していくかには個人差がある。生まれたばかりの赤ちゃんは、沈黙期を経ておおよそ1歳前後で単語を話しはじめ、典型的には2歳前後で爆発的にことばを発する語彙爆発の時期

を迎えるが、その最初期から、どのことばを発するかには一定のパターンの違いがみられるという。

　子どもの言語発達の過程を縦断的に調査した Nelson（1973）は、生後1歳から2歳までの英語を母語とする赤ちゃんがことばを話し始める最初期に発話することばを細かく調査し、赤ちゃんが最初期に発することばの選び方には指示型（referential）と表明型（expressive）の2つの型に大別されるとした（Nelson, 1973）。ここでいう指示型とは、最初期に発する50語のことばの中で名詞が多いタイプで、例えば、car（車）といった物や、mummy（お母さん）などの人や動物を多く話す。それに対して表明型は、社会語（挨拶語）や単語と単語をつなぐ機能語が多いタイプで、please などといった相手に向かって発することばや、what などの疑問詞や、for といった前置詞など、直接何かの実体を指すものではないことばが含まれる。つまり、指示型は現実の事象を表すことに関心をもつ赤ちゃんであり、表明型は人や物の間の関係性を示すことに関心をもつ赤ちゃんであるといえる。

　こうした乳幼児の語彙獲得の観察から、人間が外界の多様な刺激のなかの何に注目し、他者に何を伝えたり受け取ったりするかについては、ごく早い時期からの個人の認知の型に影響されることがうかがえる。どちらの型が良いか悪いかといったことではなく、そうした個人差からくることばの使い方の多様性こそ、人間が集まってできる社会集団をおもしろく豊かなものにする源泉であるだろう。言語構造を処理する文法における種均一性をもちながらも、そのなかでどのような語彙を選びとって表現するかという面では種「不」均一性を認めるべきだと考えられる。

　これまでの章では、発達障害の1つである自閉スペクトラム症（autism spectrum disorder: 以下 ASD）の成人や子どもの言語使用のパターンについて論じられた。近年、発達障害についての一般的な注目度も高まり、それにともない無理解からくる差別が生じているようなこともあるかもしれない。しかしそのような傾向は、ASD と診断されている人たちだけでは決してなく、広く定型発達の人たち全般の間でも大なり小なり認められるものである。それがさまざまな人の個性を成す1つの要素でもある。そこで本章では、現実社会のコミュニケーションにおける言語使用の好みの個人差に光を

当てたい。

　言語使用上の個人差を生む要因は性格や知能などいろいろ考えられるが、自閉傾向もその大きな要因である。前章までに、ASD 者 / 児の特徴として、実行機能（目標を明確化し、課題を適切に制御すること）や認知的共感（他者の心的状態を推察する「心の理論」）が不得手であることが指摘された。本章では、定型発達者の言語使用においてもこれらの機能が深く関連することを、これまでに行われてきた実験や調査の具体的な結果に照らし合わせながら考察する。定型発達者の間であっても、言語の運用の志向は大きく変わるということを示すことは、自分以外の他者がどのように物事を把握したり感じたりし、それをどのようにコミュニケーションの場に実現させているのかについて理解を深める一助となるのではないかと期待するからである。

2. 定型発達者における自閉傾向の連続性

　定型発達者の中で、自閉傾向―すなわち、常同行動や社会的・コミュニケーション上の困難をどの程度有しているか―を簡便に推定するために、「自閉スペクトラム指数（Autism-Spectrum Quotient: AQ）」が有用である（Baron-Cohen et al., 2001）。これは、自己評価による行動・思考様式を問う質問紙で、成人の ASD のスクリーニング（概略的な診断）に使用される。「社会的スキル」「注意の切りかえ」「細部への注意」「コミュニケーション」「想像力」という 5 つの観点から合計 50 問（50 点満点）で構成され、得点が高いほど自閉傾向が強いことを意味する。33 点以上であると病理的水準にある可能性が考えられるが、最終的に障害であるかどうかの診断は AQ だけではできず、専門医によって行われることになる。

　この AQ は、はじめは英語版で作成・標準化されてから他のさまざまな言語で開発され、日本語版でも 1,000 人以上の検証を経て信頼性が十分に高いことが確かめられている（若林，2003）。AQ は、平均的には、女性より男性のほうが高く、若年より高齢になるにしたがって低くなる傾向にある。また大学生の専攻分野によっても平均値が有意に異なることが報告

されており、自然科学分野の平均が最も高く、社会科学、人文科学と続く（Wakabayashi et al., 2006）。ただし個人差も大きいので、この平均的な事実に基づいて自然科学専攻の学生は自閉傾向が高い、などと過度に一般化しようとすることは、偏見や差別につながりかねず、慎まなければならないだろう。

　第1章（担当和田真）では、ASD の心理・認知科学的な面からみた特徴について説明された。とくに、実行機能—複雑な課題の遂行を可能にする高次の認知過程の制御—において、課題の維持、切り替え、抑制といった思考や行動を制御するシステムが、ASD 者では定型発達と比べて非典型的であることが示唆されている。それと類似する傾向は、定型発達者の中でもみられるようである（土田・室橋, 2009）。これまでの章で紹介されたように、ASD は、言語の命題内容の理解に問題がなかったとしても、命題の伝達にともなう周辺言語情報の理解には困難があると考えられる。そこで次節では、定型発達者において音声言語の理解、とくに周辺言語情報の処理が自閉傾向に応じてどのように異なるかをみていきたい。

3. 定型発達者の音声言語処理における自閉傾向の影響

　各言語における音韻カテゴリの認知は、母語話者においては強烈に植え付けられているので、当該の語音の典型的な特徴から多少逸脱していたとしても、文脈に照らして意味が通るように軌道修正することができる。このことをギャノン効果（Ganong effect）というが、言いかえれば、文脈の中であらかじめ語音を予測する理解のバイアスがかかっている状態である。たとえば、英語の pink（ピンク）という単語発音されたとき、最初の子音の音響特性が逸脱して bink に近くなったとする。物理的には、子音が [p] となるか [b] となるかは、息が出るタイミングに比して声が出るタイミング（voice onset time: VOT）の差に応じた知覚の問題である[1]。ただし、その決め手と

1　有声子音の [b] で始まる bink は、無声子音の [p] で始まる pink に比べて声の出るタイミングが早い。

なる VOT の絶対的な基準（値）はない。/p/ か /b/ かあいまいな場合には、英語に熟達した話者の多くは非単語の bink ではなく実在する単語の pink と理解するだろう。ASD 者/児では、知能の遅れがなく十分な言語能力を獲得していたとしても、典型的に母語話者で生じるギャノン効果がない、または弱いことが知られている。定型発達者のなかでも、AQ が高い人ほど文脈に沿った音の軌道修正が難しくなってギャノン効果が弱くなる傾向があることが、英語を母語とする大人や子どもの実験によって報告されている（Stewart & Ota, 2008）。

　また、音声言語の認識は、視覚的な要素の影響も受ける。もしこの2つの感覚器官から入る情報が錯綜していたら、錯覚を引き起こすことがある。これは、マガーク効果（McGurk effect）として知られている。例えば、/ba/ の音（唇を完全に閉じてから放す音）を聞かせながら、/ga/ の発音（唇は閉じずに舌を口の奥のほうに着けてから放す音）をしているときの顔の映像（音なし）を組み合わせて視聴させると、多くの人にはその /ba/ の音が /da/ に聞こえる。

　ASD 者ではこの錯覚が起こりにくいが、定型発達者の中でも、AQ が高い人ほどマガーク効果が弱いという報告がある（Ujiie et al., 2015）。ここから、自閉傾向は、複数の感覚器官から得られる情報を組み合わせて調整したり、統合したりする処理をあまりしない認知傾向であることがうかがえる。ASD の世界的権威として知られる Frith も、知的な遅れのない高機能の ASD の背景要因としてあらゆるモードの統合的知覚が困難であるという中枢性統合の弱さを挙げており、それが言語的コミュニケーションに問題を生じさせていることを論じている[2]。

　さらに ASD 者/児は、発音されたことばからそれを発した人がどのような感情を抱いているかを読みとることも困難である。同様の傾向は、定型発達者の中で自閉傾向が高い人にもみられる。人間が他人の感情の状態がどのようであるかを推察する手がかりは、最も強いものとしては顔の表情だろ

2　「弱い中枢性理論（weak central coherence theory）」（Frith, 1991等）として知られている（第1章参照）。

う。その他、姿勢や身振りなども大きく関与する。話し言葉の抑揚も影響するが、顔の表情に比べれば手がかりとしては弱いといえる。

　ASD者/児は、顔から感情を読みとるよりも声から感情を読みとるほうが難しいという。定型発達者において話し言葉を介した感情認知の個人差を検討した実験研究によれば、子どもは、7〜9歳くらいまでは自閉傾向の強さによらず一様に感情の読みとりが困難であるが、成人になるとAQによる個人差が顕著になるという（West et al., 2020）。自閉傾向が低いほど感情の読みとりが上手になり、自閉傾向が高い人では上手になりにくいようだ。AQが高いほど快か不快かの感情と、それに応じた声の調子の判断が遅れることが示唆される。上の実験結果に照らせば、知的な遅れのないASD者や定型発達でも自閉傾向の強い人は、総じて細かいローカルな情報の処理に長けている一方、それらを複合的にグローバルに理解することは不得手なのであろう。そのような認知処理上の傾向が、ことばの使い方にも大きく影響を与えると考えられる。

　また、自閉傾向が高くなるほど、命題内容とそこにともなう感情に関わる情報など、複数の次元の情報を切り替えて理解することも難しくなると考えられる。そのため、ことばの内容としては良いことを言っているのに声の調子（韻律）はそれを裏切って否定的な抑揚をもっているというような、皮肉の意図を理解することもやはり困難になるようである（Segal et al., 2014）。これらのことを踏まえて、次節からはもう少し言語の内容の理解の過程に踏み込んで、自閉傾向に応じた個人差を見たい。

4.　意味理解における自閉傾向の影響

　私たちはなぜ、ことばを通して、相手が何を考えているか何を伝えようとしているかを（ときに誤解があっても）理解できるのだろうか。1つ1つのことばには決まった意味（辞書で記述される意味）があり、所定のことばを所定の文法にしたがって組み合わせつなげていくことで、自分の考えを構成することができる。しかし、複数のことばを組み合わせてみたとき、必ずしもその内容が字義通りに相手に伝わるとは限らない。次のような例を比べて

みよう。

（1）a.　この子は我が家の太陽だ。
（1）b.　この子は我が家の太陽のようだ。

　こうした言い方は、大切な子どもを形容する表現としてよく使われる。(1a) で述べられている内容を物理的に考えれば、人間は恒星ではないのであり得ないということになる。しかし私たちは、この (1a) の文も、(1b) と同じように比喩であると理解できるのではないだろうか。(1a) には「〜のようだ」という比喩であることを明確に表す要素はないが、文脈や常識から「我が子」（被喩辞）が「太陽」（喩辞）に例えられていると想定するほかない。比喩であるという明示的な標識がない比喩のことを、メタファー（暗喩または隠喩）という。一方 (1b) のような明らかに比喩であることを示すことば（「〜のよう」）が使われていれば、シミリ（直喩）という。

　シミリのように、「〜のよう」という比喩であることを明らかにすることばがあれば誤解の余地はないが、それをもたないメタファーを、受け手はなぜ理解することができるのだろうか。「我が子」と「太陽」という一見かけ離れた 2 つの事象をどのように結びつけ比喩であると理解できるのだろうか。それは、人間に共有の心の動きを前提にして、それに応じて話し手の立場に立ちながら、それらの 2 つの事象を結びつける努力をするからであろう。その推論の結果、たとえに使っている「太陽」（「喩辞」）の、周囲を明るく照らすという性質や、それがなければ生物が生きていけないという性質が、たとえられている「我が子」（「被喩辞」）にも共通して見出されるはずである。聞き手が、話し手が発したことばそのものの意味（字義）以上の含みや暗黙知を理解できるのは、「我が子」を「太陽」にたとえたいという人の心の動きや人間関係の把握—心の理論の能力—をもっているからである。

　メタファーを理解する過程については、これまでに 2 つの理解モデルが提唱され、心理言語学の実験で検証されてきた。1 つは、まず文脈から独立して字義通りの意味の検証をして、それでは首尾よく理解できないため文脈と照合して再解釈を行った結果比喩として理解される、という逐次的な 2 段階

124

の（ボトムアップの）モデルである（Ortony, 1979）。このモデルでは、はじめに字義の検証で成功すればそこで処理が終わるので、明らかな比喩であるシミリのほうが、メタファーよりも理解しやすいと予想される。

　もう1つは、はじめから文脈に照らして内容を理解する1段階の（トップダウンの）モデル（Glucksberg & Keysar, 1990）がある。ある文が比喩として成立するのは、「太陽」のようなたとえるもの（「喩辞」）がもっている数々の特徴の一部を、「我が子」のようなたとえられるもの（「被喩辞」）にも認めることができるからである。つまり、喩辞が上位概念を形成し、被喩辞はその概念の中に含まれる。喩辞である「太陽」は被喩辞である「我が子」より明るく輝いており、それなくしては生物が生存できないという特性をより強くもっている。「我が子」は「太陽」よりずっと小さいし地球がその周りを回ったりすることもないが、この比喩の焦点となっていない特徴は無視されてかまわない。このように、メタファーの1段階モデルでは、比喩としての理解に不必要な喩辞の特徴は看過され、必要な特徴のみが注目される。1つ1つの言葉の関係を吟味するわけではないこのモデルに基づけば、喩辞と被喩辞を並列的に比較するシミリより、両者の間の包含関係を想定するメタファーのほうが容易に理解できると予測される。

　これらの2つのモデルのうち、どちらが比喩を理解する過程をよりよく説明できているだろうか。人間が比喩を理解するとき、字義的に明らかなシミリのほうが理解しやすいのか、それともメタファーのほうが理解しやすいのだろうか。発達心理学者のHappéは、メタファーの理解と心の理論能力との関係を検証した（Happé, 1993）。以下のような文（原文は英語）について、下線部を空欄にしておき、そこに入る適切解を選択肢から選ぶという課題を、定型発達者とASD者に実施した。

(2) 夜空がとても澄んでいる。星がダイアモンドのようだ。
(3) イアンはとても賢くて狡猾だ。彼はキツネだ。

　するとASD群は、（2）の「ようだ」といった比喩標識を持つシミリでは適切解を選択することができるが、（3）のような比喩標識を持たないメタフ

ァーでは、適切解を選択できる割合が低くなった。ASD 者は、まずシミリを理解したあとにメタファーを理解しようとするものの、それが難しいのだと考えられる。これは、彼らが2段階の逐次的な意味処理過程を選好することを示唆している。はじめに文脈を想定したうえでメタファーを効率よく理解する1段階モデルは、ASD 者に好まれないようである。これは、ASD 者が心の理論に困難を抱えているためだと解釈される。

5. 感情を伝え対人関係を構成する終助詞の理解における自閉傾向の影響

　前章までに、ASD 者／児は終助詞「ね」や「よ」をあまり使わない傾向について紹介した。終助詞の使用や理解は定型発達者のなかでも個人差が見られるので、本章でもあらためて考察してみたい。そもそもこの終助詞というのは、日本語の語彙としてどのような役割を担っているものなのだろうか。終助詞の語彙としての性質について、日本の学者（国語学者）たちがこれまでどのように論じてきたかを振り返ってみたい。

　日本語では、古くから語彙の内容語と機能語の区分に相当する詞と辞が区別され、古く中世の歌学から近世の国学、近代の国語学・国文学へと受け継がれ考察されてきた。詞は素材の表示であるのに対して、辞はそれらの関係を構成するものであり、詞は「ことば」、辞は「てには／てにをは」と訓まれた。現代でも助詞や助動詞は「てにをは」と総称され、文章の意味やニュアンスを左右する要素として重視される。日本語の辞の研究は、和歌などの詩歌における表現効果を扱うところに端を発している[3]が、すでに中世の文献では、「てにをは」について、素材に対して主観的態度を加え、人情を発揮するという役割が認められる。さらに時代が下って、このような話し手の

3　中世に著された『手爾葉（てには）大概抄』（藤原定家が著したともいわれるが疑わしい）が、最初の助詞の研究書であるといわれる。「詞は寺社の如く、「てには」は荘厳の如く」とたとえられ、荘厳の「てには」によって寺社の尊卑が決まるという。近世に本居宣長が著した『詞の玉緒（ことばのたまのを）』でも、詞を玉に、辞を玉を通す緒にたとえ、両者の次元の違いに関心が払われている（根来, 1979）。

主観的感情表出の働きとともに、「てにをは」が聞き手にもたらす影響、つまり対人的関係標示の働きを担っていることを明確に論じたのが、国語学者の時枝誠記である（時枝，1951）。

　助詞のなかでも終助詞は、感情表出や対人関係上の特徴を色濃くもっている。終助詞は、本来、書き言葉ではなく話し言葉で、聞き手と対面する会話のなかで使われる[4]。この事実も、終助詞が対人関係を構成するのに重要不可欠な働きを担っていることを裏付けている。終助詞は、文字通り文の最後に位置するが、それを付けるかどうかは話し手の自由であり、日本語の文法上はどの終助詞を付けても付けなくても誤りではない[5]。ただし、その文がある状況に置かれた場合に、そこで典型的に使われる終助詞はこれである、といった傾向は認められる。たとえ文脈にそぐわない終助詞が使われたとしても、文脈上典型的ではないとはいえるが、日本語の文法上誤りというわけではない。

　したがって話し手は、自分がその場で対面する聞き手に向かって、思いのままに終助詞を使って素材に対する自らの心情を表現しながら2人の間の関係を調整することが許される。それを受け取る聞き手は、その場において話し手がそのような終助詞の使い方をしたという事実から、話し手の心情や聞き手との対人関係をどのようにみなしているかを推察していく。終助詞の実際の語用論的機能は、そのように聞き手の解釈に委ねられている。辞である終助詞には、真偽判断の対象となるような実質的意味はない。そのことが上記のような感情的、社会的機能を担うことを可能にしているといえる。

　例えば最もよく使われる「ね」は、辞書ではどのように書かれているだろうか。『大辞林』（松村明・三省堂編修所（編），1988）には、「ね」は「①軽い詠嘆、②軽く念を押す気持ちを表す、③相手の同意を求める気持ちを表

4　書き言葉でも使われるが、受け手の存在を念頭においた会話的な要素を持った手紙やE-mailなどの媒体で現れ、公的な報告書や新聞記事などではまず使われない。対面の話し言葉でも、感情を排除しなければならないような場面（裁判の判決言い渡しなど）で使われることはない。

5　ただし、「よね」や「かな」などの複数の終助詞の連接形については、語順が決まっており、「ねよ」や「なか」の順で用いると非文法的となる。

す、④問いかける気持ちを表す」と記載されている。たしかに、知り合いに
会って「今日は寒い<u>ね</u>」と言えば、上記の①や③のような意味合いが込め
られていると考えられる。ところが、これらの4つの意味では説明できない
ような「ね」の例もある。例えば、うんざりしている聞き手に対して「そん
なこと知らない<u>ね</u>」などと言って突き放すような意図で「ね」を使う場合、
この「ね」は聞き手に疎外感をもたらすだろう。しかしこのような用法は、
『大辞林』に書かれている4つの意味では説明しにくい。とくに③の「同意
を求める」という用法とは正反対のように思われる。1つの語が、文脈が異
なるからとはいえ、これほど対極的な話し手のムードを伝えることがあると
は不思議なことである。「ね」を「カメレオンの終助詞」と呼ぶ研究者もい
るほどである[6]。

　国語学者たちは、この複雑怪奇な「ね」や「よ」などの終助詞を命題内容
に対する話し手の態度、すなわちモダリティ/ムードの終助詞として、文で
表される情報を誰が管理するかという観点から説明しようと試行錯誤してき
た（神尾，1990；益岡，1991；加藤，2004他多数）。その中で終助詞の基
本的素性（そせい）を指摘した滝浦は、「ね」の素性は「聞き手プラス：文
の命題は聞き手の管理下に属することを示す標識」であるという（滝浦真人
2008）。一方「よ」は、「話し手プラス」となる。この「聞き手プラス」で
ある「ね」が、素直な使い方をすれば『大辞林』に書かれているような意味
をもたらし、場合によっては「それはあなたの問題で私は知らない」という
意図で使えば疎外感を生じさせることもある。このように終助詞は、情報管
理者は誰かという点における素性をもちながら、実際の意味は文脈や対人関
係上との相互作用の結果として生じるものだと考えられる。それが詞にはな
い社会情緒的な「ムードの辞」であるゆえんであろう。

　さて、このようなムードの辞である終助詞を実際に聞いて、私たちはそこ
からどのように話し手の気持ちや対人関係上の距離の調節を感じとっている
だろうか。母語話者といえども、それを自分で理路整然と説明できる人は少

6　「ね」は捉えどころがなく、その場に応じてさまざまに色が変わるというたとえと
　して言われる（Tanaka, 2000）。

ないと思われる。そこで著者らの研究チームでは、定型発達の大学生を対象
として、終助詞を含む会話を聴いている間の脳波を測定し、そのパターンが
AQによって異なるかどうかを検証することで、その認知過程の一端を探ろ
うと試みた（Kiyama et al., 2018）。

　先に述べたように、「ね」は「聞き手プラス」、「よ」は「話し手プラス」
であるから、典型的には、「ね」は聞き手に関する内容、「よ」は話し手に関
する内容の文末につけられやすいはずである。そこで、話し手指向の内容を
導く会話と聞き手指向の内容を導く会話をそれぞれ考えて録音した。

　例えば話し手指向の会話は、「もうお昼ご飯食べた？」と聞かれて「近所
でうどん食べた」と答えるというものである。うどんを食べたのは話し手で
ある。一方、聞き手指向の会話は、「今度佐藤さんたちと温泉に行くんだ」
と聞いて「本当に温泉が好きだ」と返事をするというものだが、ここでの隠
れた主語は話し手ではなく聞き手である。温泉が好きなのは会話の相手（最
初の発話の話し手）であるから、聞き手が内容を管理しているので、「好き
だね」というのが典型的で、「好きだよ」を使うと非典型的になる。

　このような、「ね」の典型的使用と非典型的使用、「よ」の典型的使用と非
典型的使用の刺激を与えたときの反応を比較した。終助詞は、文法的には何
を使っても誤りではなく、上のすべての場合において絶対的な「誤り」はな
い。ただ、文脈に照らし合わせてみて変だという違和感を生じることはある
だろう。そのような違和感があるとしたら、それは自閉傾向が高い（AQが
高い）人のほうが強いのだろうか、それとも自閉傾向が低い（AQが低い）
人のほうが強いだろうか。

　この研究では、脳波の事象関連電位の指標を手がかりとして、「ね」や
「よ」を聴いた時（事象）に関連して、電位がどのように変動するかの差分
をみた。典型的な「ね」や「よ」を聴いたとき、非典型的な「ね」や「よ」
を聴いたときと比べて脳波がどのように変動するか、そしてその変動のAQ
による差を測定した。

　その結果、「ね」と「よ」のどちらの終助詞も、典型的な用法に比べて非
典型的な用法を聴いたときに強い脳波の成分が生じた。図2（頭を上から
見た図）のように、脳の後頭部付近で、終助詞提示後350〜400ミリ秒付近

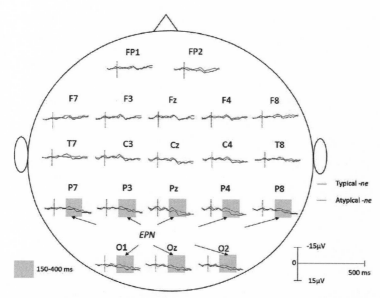

図2　終助詞の典型的用法と非典型的用法の脳波の差（Kiyama et al., 2018, Figure 3 より）

で、典型用法より非典型用法で強く陰性方向に推移した。さらに、終助詞「ね」における典型用法と非典型用法の間の陰性成分の差は、AQ が低い人より AQ が高い人でより大きくなった（より陰性方向に振れた）。なお、そのような AQ の有意な影響は、「ね」のみにおいてみられ、「よ」には認められなかった。

　このように、定型発達の日本語母語話者が会話を聴いている間に、「聞き手プラス」であるムードの終助詞「ね」において、非典型的な用法に対する強い脳波の振れが観察され、それは自閉傾向が高いほど強くなることがわかった。

　このことは何を示しているだろうか。1つの可能性として次のような解釈が可能かもしれない。終助詞の中でもとりわけ複雑多岐な用法がある「ね」は、より使用上の自由度が高いので、典型性と非典型性の境目も流動的であろうと考えられる。心の理論能力が高い人は、「ね」が自由度の高いものであることをわかっていて、話し手の意図次第でどのような使い方をしてもそ

れなりに文脈や状況に応じて解釈できる柔軟性を持っていて、非典型的な用法に対してもそれほど強い違和感を持たずに解釈できるため、典型対非典型の差がそれほど大きくならなかったのではないか。それに対して自閉傾向の高い人は、心の理論能力が低いためにそのような柔軟性に乏しいのかもしれない。典型的な用法以外の使い方を知らないために、非典型的用法に対する違和感が強くなり、典型的用法との差が大きくなったのではないだろうか。

　心の理論能力が高ければ、ムードの終助詞に対する不確実性を許容しその場に応じた臨機応変な理解ができるようになるのかもしれない。定型発達者の中でも自閉傾向が高い人は、現実社会でのことばの用法の不確実さに対する許容度が低いことで、ことばに込められる微妙な相手の気持ちを適切に受け取ることが難しくなると考えられる。そうしたことが社会の中で生きていく上で感じる漠然とした生きづらさの遠因となっているかもしれない。

　文の内容は同じであっても、ムードの終助詞の使い方ひとつで、相手を喜ばせもすれば怒らせもする。そしてこの研究は、十分に日本語の語彙や文法知識を獲得した定型発達の母語話者であっても、ムードの終助詞の理解の仕方は一様ではないことを例証した。中世以来日本語の要諦をなすと考えられてきた助詞、とりわけ終助詞には、時枝が認めたような感情的、そして対人的働きが存在することを、この研究は支持している。その使い方によって、自分では思わぬ誤解を他者に与えてしまう可能性があるということも示唆している。

　ここまでムードを表す日本語の終助詞について、社会・情緒的な役割を果たす「辞」であるとしてその脳反応を検討した研究を紹介したが、終助詞は日本語の専売特許ではなく、広く東から東南アジア言語において終助詞に相当する言語形式が認められる（例えば韓国語では終結語尾、中国語では語気助詞という）。提示した情報を文末において相手に確実に届けようという点では、ヨーロッパ言語の付加疑問（"You went to school, <u>didn't you?</u>" 等）にも似たような働きを見出すことはできるだろう。それでも、ムード伝達のための専用の語彙を備えており、これほど多様な形式や用法のレパートリーが

あること⁷は、やはりアジア言語に特徴的であるといってよいだろう。

　なぜアジア言語がこのように文末のムード専用語彙に強く依存するか、はっきりした理由は分からない。感情、社会的機能を担う文末表現が豊かであるからこそ、話し言葉で主語などの必要な要素を省略しても聞き手が補うことが可能となるのかもしれない。そのような省略の多いあいまいな表現スタイルが、自閉傾向の高い話者にはやっかいなのではないだろうか。

6. おわりに

　本章では、定型発達者であっても自閉傾向が強いか弱いかによってことばを理解する過程が異なるようであること、また自閉傾向が高いことで、潜在的に言語を通した対人関係構築に何らかの困難を抱えている人がいるかもしれないということを考えてきた。子どもの語彙獲得のきわめて早期に外界の事象への認知スタイルの差が芽生えはじめ、そのスタイルの違いが最終的にどのような言語発達過程を導くかといった予測は困難である。

　自閉傾向が高いことは、流動的な対人関係よりもより固定的な事象の把握に長けていることにつながっていると考えられる。よくも悪くもバイアスを持たずに事象を理解しようと努める態度ともいえるかもしれない。その秀でた能力を発揮できる場を見つけることで卓越した業績を挙げる可能性を秘めていると思われる。一方、自閉傾向が低いことが高い心の理論能力の持ち主であることの反映であると仮定すると、それを活かした豊かなコミュニケーションが実現することも期待される。

　こうして蓄積されつつある実証的な研究の知見を様々な角度から考えることによって、ASD者ばかりでなく定型発達者のなかであっても、1人1人の人間が世界の何に注目してことばとして表現し、それを受け取った聞き手が何を感得しているかは多様な可能性があることを知る手がかりとなること

7　例えば日本語終助詞には「ね」「よ」の他にも「か」「な」「わ」「さ」など多くのものがあり、性差や地域差も大きい。中国語など他のアジア言語でも、同様に多くの形式と用法が認められる。

を願う。このような試みが、自分以外の他者を理解し受け入れるために少し
でも役立てられるならば、言語運用の実験研究に携わる著者としてこの上な
い喜びである。

参照文献

Baron-Cohen, S., Wheelwright, S., Skinner, R., Martin, J., & Clubley, E. (2001). The
autism-spectrum quotient (AQ): Evidence from asperger syndrome/high-func-
tioning autism, malesand females, scientists and mathematicians. *Journal of Autism
and Developmental Disorders*, 31(1), 5–17.

Chomsky, N. (1965). *Aspects of the theory of syntax* (Vol.11). MIT press.

Glucksberg, S., & Keysar, B. (1990). Understanding metaphorical comparisons: Beyond
similarity. *Psychological Review*, 97(1), 3.

Happé, F. G. (1993). Communicative competence and theory of mind in autism: A test of
relevance theory. *Cognition*, 48(2), 101–119.

Kiyama, S., Verdonschot, R. G., Xiong, K., & Tamaoka, K. (2018). Individual mentaliz-
ing ability boosts flexibility toward a linguistic marker of social distance: An ERP
investigation. *Journal of Neurolinguistics*, 47, 1–15.

Nelson, K. (1973). Structure and strategy in learning to talk. *Monographs of the Society for
Research in Child Development*, 38(1-2) 1–135.

Ortony, A. (1979). Beyond literal similarity. *Psychological Review*, 86(3), 161.

Segal, O., Kaplan, D., Patael, S., & Kishon-Rabin, L. (2014). Judging emotions in lexi-
cal-prosodic congruent and incongruent speech stimuli by adolescents in the au-
tism spectrum. *Folia Phoniatrica et Logopaedica*, 66(1-2), 25–36.

Stewart, M. E., & Ota, M. (2008). Lexical effects on speech perception in individuals
with "autistic" traits. *Cognition*, 109(1), 157–162.

Tanaka, H. (2000). The particle ne as a turn-management device in Japanese conversa-
tion. *Journal of Pragmatics*, 32(8), 1135–1176.

Ujiie, Y., Asai, T., & Wakabayashi, A. (2015). The relationship between level of autistic
traits and local bias in the context of the McGurk effect. *Frontiers in Psychology*, 6,
891.

Wakabayashi, A., Baron-Cohen, S., Wheelwright, S., & Tojo, Y. (2006). The Autism-
Spectrum Quotient (AQ) in Japan: a cross-cultural comparison. *Journal of Autism
and Developmental Disorders*, 36(2), 263–270.

West, M. J., Angwin, A. J., Copland, D. A., Arnott, W. L., & Nelson, N. L. (2020). Cross-modal emotion recognition and autism-like traits in typically developing children. *Journal of Experimental Child Psychology*, 191, 104737.

益岡隆志 (1991)『モダリティの文法』くろしお出版

加藤重広 (2004)『日本語語用論のしくみ』(町田健編「シリーズ・日本語のしくみを探る」第6巻)研究社

根来司 (1979)「解説」『影印叢刊 11　手爾葉大概抄・手爾葉大概抄之抄』和泉書院

時枝誠記 (1951)「対人関係を構成する助詞・助動詞」『国語国文』20(9), 1–10.

若林昭雄 (2003)「自閉症スペクトラム指数 (AQ) 日本語版について – 自閉症傾向の測定による自閉性障害の診断の妥当性と健常者における個人差の検討」『自閉症とADHD の子供たちへの教育支援とアセスメント』国立特殊教育総合研究所科学研究費報告書, 47–52.

松村明・三省堂編修所 (編) (1988)『大辞林』三省堂

神尾昭雄 (1990)『情報のなわばり理論：言語の機能的分析』大修館書店

滝浦真人 (2008)『ポライトネス入門』研究社

土田幸男・室橋春光 (2009)「自閉症スペクトラム指数とワーキングメモリ容量の関係：定型発達の成人における自閉性障害傾向」『認知心理学研究』, 7(1), 67–73.

コラム

回想： 共感獲得と自閉症

綿巻徹

　「自閉症児における共感獲得表現助詞『ね』の使用の欠如：事例研究」を発表したのは25年前のことである（綿巻，1997）。この論文は、自閉症と診断された1人の6歳男児の言語使用には、国文法で終助詞に分類される「ね」がみられなかったことを始めとする言語使用上の諸特徴を「心の理論」と関連づけながら、自閉症の中心的障害が「共感獲得」の困難や障害にあることを論じたものである。この論文を端緒に、以後数年間、私は共感獲得をキーワードにして、自閉症の子供の言語使用と自閉症という障害をめぐる論説を発表した（綿巻，1998, 1999, 2002, 2003）。それらの発表は、統語＝形態文法がある程度整った発話を使える自閉症の子供でも、他者が自分に対して好意的、同調的、賛同的に反応してくれるよう他者に働きかける、つまり、他者の共感を上手にいかしながら、事をうまく運ぶ言語形式の使用を苦手にしていることを、語用、相互コミュニケーションの発達の視点から論じたものである。

　本コラムでは、まず、（1）それらの論文、論説の中で共感獲得と関係しているとされた言語の諸側面を要約的に述べ、（2）それらの研究の背景には、障害のある子供たちへの支援に関するどんな体験があったかを述べ、（3）共感獲得というアイデアを核にした私の自閉症研究のねらいが何であったかを述べることにする。そして、（4.1）英米の自閉症研究、言語研究の動向に接するなかで私が出会った諸理論、とりわけ、自閉症研究に当時大きな影響力を及ぼしつつあった「心の理論」に対する私の疑問がどういう点にあったか、また、（4.2）私が自閉症の中心的諸症状をどのようなものとして

136

捉えようとしていたかを述べることにする。最後に、（5）共感に触れた近年の諸研究の潮流を紹介し、自閉症研究へのその今日的な意味を示したい。

1. 言語使用に現れた共感獲得

　共感獲得の困難や障害にかかわる言語特徴として私が確認したのは、次の点である。つまり、i）話者である自分の発言内容に対して共感、同調、同意を、やんわりと聞き手に促したり誘発する役目をする終助詞「ね」の使用、たとえば「美味しいね」のような用法、ii）相手からの話しかけに同意したり相槌を打つことで相手に、発話産出を促したり話しかけを続けるように促す間投詞「うん」の使用、iii）相手に共同注意を促す「ほら」「見て」の使用、iv）現実の状況場面内の情報を参照したときにその指示対象や意味が初めて確定される場面内指示語「これ」の使用の欠如、相対的な少なさである。なお、個人差があるので、自閉症の子供全員にこれらの全てがみられるというわけでなく、あくまでも、私が出会った自閉症の子供たちを総体としてみた場合のことである（自閉症の子供の言語面の特徴については、綿巻, 1997；綿巻, 1998 参照）。

　以上は、言語使用に現れた共感獲得であるが、非言語の共感獲得行動の発達やその前駆体の発現は、定型発達の子供たちでは、一般に、生後1年目から始まっているとされている。また、共感獲得は、他者から共感的行動を引き出し、それを利活用しながら遂行される自他間の相互的、交互的な関係行動であるが、定型発達の子供たちがそうした行動の内容や行動を意識にのぼらせることが（意識化、自覚化、メタ認知が）可能になるには5歳頃まで待たなくてはならない。

2. 研究のきっかけとなった体験

　研究の着想を得たのは職場での経験からである。当時、私は、愛知県心身障害者コロニー発達障害研究所治療学部で共同研究者たちとともに、自閉症やダウン症の子供たちへ早期の長期縦断的な（数年〜10数年に及ぶ）発達

介入と母親への支援を合体させた実践研究を行っていた。その活動のなか
で、障害間や同一障害内の共通性と個人差に、また、加齢に伴う発達変化の
共通性や個人差に強い関心をもつようになった。

　たとえば、言語、コミュニケーション面の群間差を大まかにいうと、ダウ
ン症の子供は、たとえ構音面、文法面の遅れや障害が目立っていたとして
も、応答性が高く、コミュニケーションが大きな問題として残り続ける者
は少なかった。また、知的ディスアビリティの子供たちは、セラピストとの
遊び活動のなかで、複雑な言語表現を発せなくても、応答や相槌として機能
する間投詞の「うん」「はい」、場面内指示の「これ」、呼びかけ（呼格）の
「せんせー」などの表現を活用して楽しく遊ぶことができていた。一方、自
閉症の子供では、無発語のまま青年期に至るケース、発話が可能になっても
発話のレパートリが要求言語や自分ペース話題に偏っているケース、始語が
6、7歳頃まで遅れその後も発声構音に大きな困難や障害が残り続けるケー
ス、文法形式の整った発話ができるのに会話が一方的で交互的な会話が成立
しにくいケースが、他の障害の場合よりも多く、言語・非言語のコミュニケー
ション発達支援を早期から長期間にわたって提供し続けることが他の諸障
害以上に必要であった。

　なお、当時私たちが支援や参与観察の対象として受け入れた自閉症の子供
たちは、一部の例外を除いて、月齢36か月頃までに専門機関で自閉症の診
断を受けた子供たちであった。私が関わった自閉症の子供たちの多くは、
米国精神医学会（American Psychiatric Association、以下 APA と略記）の
現行の診断基準の DSM-5（APA, 2013）で自閉症スペクトラム障害とされ
ている幅広い範囲の子供たちではなく、むしろ、DSM-IV（APA, 1994）以
前の自閉性障害（広範性発達諸障害というカテゴリに包摂される諸障害の1
つ）もしくは、幼児自閉症、早期幼児自閉症、早期小児期自閉症、古典的自
閉症、カナー型自閉症などの名称で呼ばれていた子供たちであった。

3.　研究のねらい

　研究のねらいは次の2点であった。1つは、発話形式（構造）とコンテキ

ストの関係、発話形式とそれを発する意図やコミュニケーション機能との関係の解明をめざす語用論や発話行為論を応用して、自閉症の子供の言語特徴を分析、記述することによって、当時、自閉症研究の「時の話題」であった自閉症の一次障害をめぐる論争、つまり、「心の理論障害」対「情緒（社会情動）障害」の論争に対する１つの解決の糸口を提供することであった。

　もう１つは、英語圏の自閉症の子供や大人ではまだ報告されていない類の言語コミュニケーション行動上の諸特徴を、日本語使用の中で新たに見つけ出すことであった。とりわけ、私は、自閉症の一研究者として、また同時に、意味・語用に基づく言語獲得研究の一研究者として、カナーが自閉症の人の英語使用の中に見出した人称代名詞の誤用（「I」の代わりに「you」を使用する）、また、相手が発した質問をそのまま繰り返す（おうむ返しする）ことによって肯定を表していたのを、「Yes」という表現の使用へと修得し直すのに何年もかかるといった諸特徴と並びうるような諸特徴を、日本語使用で見つけ出したいと思ったのである（カナーによる特徴づけに関するより詳しい紹介は、綿巻、2002 参照）。なお、この種の言語使用は、初期語用発達研究では「会話装置 conversational devices」「会話行為 conversational acts」と呼ばれている（この点については、第 4.2 セクションで改めてふれる）。

4. 背景

4.1　心の理論のインパクトとそれに対する私の疑問

　1980 年代後半から 1990 年代前半は、自閉症研究が大きく揺れ動いていた時代であった。研究のトピックが、ラター（ラター，1978）の言語＝認知障害説（すなわち、言語や意味抽出と結びついた認知の欠陥とする考え）から、高機能自閉症（IQ が 70 もしくは 75 以上の自閉症）やアスペルガー障害へといっそう拡大し、心の理論障害説が自閉症研究の中心となりつつある時代であった。また、米国精神医学会による診断基準が、DSM-III-R（APA, 1987）から DSM-IV（APA, 1994）に移行し、その後の DSM-IV-TR（APA, 2000）の準備に向けた検討がなされつつあるとともに、障害を

非連続なものとして捉える立場から、障害を連続したもの（スペクトラム）として捉える立場へと向かう大きな時代の潮流が存在していた。現行の「自閉症スペクトラム障害」は、米国精神医学会の1980年の診断基準DSM-IIIで作り出された「広汎性発達障害」というカテゴリの中心的な下位カテゴリ「幼児自閉症」や、そののちの「自閉性障害」（DSM-III-R、1987；DSM-IV、1994）から発展してきたものである。なお、「広汎性発達障害」という概念は、ある特定領域だけが限定的に障害されていると想定される「特異的発達障害」の対立項に該当する概念であって、「広く、やや重い障害」というニュアンスが含まれている。自閉症を「通常の、生物学的に提供されている人との情緒的接触を形成することの困難（inability to form the usual, biologically provided affective contact with people）」と仮定したカナー（Kanner 1943）の考えはもはや力を失ったかのような状態であった。

　このような時代精神のなかで、私は、ホブソン（Hobson, 1989, 1990；ホブソン，1994）による他者との社会的情動的（socio-emotional）な関係を形成することの障害という考え、すなわち、他者の感情を理解し、他者と感情や経験を共有する能力の障害が原因となって、その結果、他者の心を理解する認知能力に障害が生じたとする考えや、マンディーら（Mundy and Sigman 1989, マンディー 1994）による感情と認知の相互作用という考え、すなわち、他者との注意の共有、および、それに伴う肯定的感情の共有という側面から、感情と認知の相互作用を含めた障害として自閉症を捉えようとする考えに、親近感を感じていた〔以下の内容も含めて、この点に関するより詳しい記述は（綿巻，1998）に紹介されている〕。

　私が、自閉症の一次障害を「心の理論」とする理論に対して賛成し難かった最大の理由は、私が早期介入、発達支援の対象として接してきた自閉症の子供たちの多くが、先述したように、36か月頃までに診断された自閉症であり、それらの子供たちにみられた行動や発達の経過の諸特徴を「心の理論」ではうまく説明できなかったからである。つまり、私たちが支援を提供していた自閉症の子供たちの場合、心の理論が想定する表象能力や推論能力が発達するよりもかなり前の年齢時期（発達段階）から、行動面の難しさ（強いこだわり、同一性保持、興味関心の限局）や関係の取りにくさ稀薄

さを養育場面でしばしば経験してきた、経験していると養育者たち（母親たち）が報告していたし、私たちも定期的継続的支援・観察のなかで実感していたからである。

　私にとって、カナーが重視した「他者との情緒的接触を形成することの困難」「同一性保持」といった2つの特徴は、支援対象の子供たちと関わり、支援していく上で配慮、工夫しなければならない最重要ポイントであった。なお、カナーの論文から70年後に刊行されたDSM-5（APA, 2013）は、自閉症スペクトラム障害の重症度レベルを特定する際の2つの規準的観点として、「社会的コミュニケーション」と「制限された反復的行動」をあげている。

4.2　共感獲得と自閉症の中核症状

　私の言う「共感獲得」は、カナーの「人との情緒的接触を形成する」と読み替え可能な観念（notion、考え）である。私が共感獲得という用語をキーワードとして選んだのは、社会科学分野のアダム・スミス（1970）の『道徳感情論』（スミス，1970）や花崎（1981）の中で論じられた「共感」という考え、言語学分野のグライス（Grice, 1975）の「協調の原理」という考えの影響からである。ヒトは社会的生き物として、共同体を構成して生活し、その中で人間的諸力を獲得し（我がものとし）、発達させ続ける。乳幼児、小児、青年、成人にとって、他者に共感、他者を信頼すること、他者に共感してもらい、他者に手助けしてもらうこと、つまり、他者の力を上手に利活用すること（他力）こそが、人間的諸力を発達させる原動力だ、と私は考えている。

　コミュニケーションの場において、話し手・聞き手間の関係を維持、促進する機能を担っている言語要素は、デジタル通信における、エラー検出用、エラー訂正用の信号に似ている。この種の信号は、情報をより的確に送受信する上で不可欠なものである。上手なコミュニケーターになるには、伝えたい情報を、信号（単一の記号、または複数記号の連鎖）に変換するスキルに加え、情報を運ぶ信号の質とその信号を伝えるためのチャンネルの質を確保、調節するスキルが必要とされる。つまり、話し手・聞き手のあいだの関

係を維持、促進させるための言語及び非言語のスキルを学ぶ必要がある。話し言葉が可能な場合でも、自閉症の子供たちが苦手としていて、周囲の人々からの支援や配慮を必要としているのは、この種のスキルの遂行、学習、獲得、洗練への支援である。

　言語の発達、獲得過程を解明するには、言語記号とその連鎖が表している意味内容とコミュニケーション意図に加え、話し手と聞き手間の関係が発話としてどのように表現されているかを明らかにすることが不可欠だというのが私の言語観である。こうした言語観は、現代の語用論の先駆的言語理論ともいえるガーディナーの『スピーチと言語の理論』（Gardiner, 1932）やビューラーの『言語理論』の言語観（ビューラー，1985）、さらには、精神の発現を個体間の力動的相互作用の中で捉えたG. H. ミードの『精神・自我・社会』（ミード，1973）に沿い、倣ったものである。

　このことに加えて、意味関係に基づく初期統語構造の獲得研究を1970年代後半に開始した私は、当時、発達語用論の立場に立った初期言語期の発話分析で会話装置もしくは会話行為としてカテゴライズされていた会話機能要素の獲得、発達状態の違いが、自閉症、知的ディスアビリティ、定型発達の子供たちの言語使用にみられる個人差や共通性を説明できる、と強く信じていたのである。たとえば、Dore（1979）は7種の会話行為カテゴリの1つとして「対人接触や会話の流れをコントロールする調節類」を挙げている（Dore, 1979）。この「調節類」には、「注意を誘発する注意獲得類（例、Hey! や John! や Look!）」「話を継続するために確認を求める修辞的質問（Know What?）」をはじめとする6つの下位カテゴリを挙げている（Dore, 1979）。まさに、こうした会話行為や会話装置は、語彙、形態＝統語とともに、人間言語の重要な1つの契機なのである。

　本コラムの締め括りとして、次のセクションでは、自閉症と共感に関する比較的最近の諸論文の中から、今日の研究動向といえそうなものを（実際には、私の関心をひいたものを）紹介する。

5. 共感研究の今日の潮流

　自閉症に関する仕事から離れて20年近くたっているので、このコラムの
執筆にあたって、「自閉症」「共感」をキーワードにして、この20年間の論
文をインターネット上で探ってみた。共感、社会脳、ミラーニューロン、身
体感覚＝知覚経験に根ざした認知（embodied cognition、身体化された認知）
など、共感や間主観性と関連する、あるいはそれらと類縁関係にある諸概念
に焦点を当てた自閉症研究や脳研究が数多く取り出された。共同注意の重要
な研究者のひとりであったマンディーは、研究の射程を、共同注意と共感を
つなぎ、共感と社会性の生物学的基盤としての脳へと、より拡大させてい
た（Mundy & Sigman 1989）。このほかには、共感を「認知的共感」と「情
動的共感」に分けた上で、共感と心の理論との統合を図ろうとする研究が少
なからずあった。この方向性は、私がかつて触れたベイトソン（1986）の
「知の論理」「感情の論理」というアイデアとも共通点があり（ベイトソン，
1986；綿巻，1998）、親和性を感じた。以下では、印象深かった3つの研究
を紹介し、それを、本コラムのエピローグとしたい。
　1つ目は、『社会的心の起源』という本に収録されているバロン＝コーエ
ンの「共感するシステム：心を読むシステム1994年モデルの改訂」であ
る（Baron-Cohen 2005）。その冒頭で、バロン＝コーエンは「共感すること
empathizing」の定義を、他者の「諸々の情動emotions」と他者が「考えて
いる諸々のこと thoughts」を同定しようとしたり、また、これらに対して
適切な情動をもって対応しようとしたりするための「動因drive」であると
している。また、「心を読むこととは、自分自身の行動や他の行為者の行動
が、心の状態によって駆動されるものであると解釈する能力のことである
…ID（意図性検出器）とEDD（視線方向検出器）の両方は、発達上、他の
2つのメカニズム〔綿巻補足：SAM（注意共有メカニズム）とToMM（心
の理論メカニズム）〕よりも先行しており、幼児期の早い段階に活性化す
る」と述べている（Baron-Cohen, 2005）。このように、バロン＝コーエン
は「情動」「動因」「意図」「視線」「解釈」を心の理論の中に組み込むととも
に、心の理論の先行物、前駆体を論じている。

　2つ目は、Gallagher とその共同研究者たちによる一連の論文である。た
とえば、Gallagher（2009）は、発達研究と現象学研究の成果を組み込んだ
相互作用理論の視点から、人間は誕生時から、また、幼児期からの間主観
的理解のための（主体間関係を理解するための）重要な能力を与えられてお
り、こうした能力の開花、発達の遅れや障害が対人関係スキルを障害してい
るということを論じている。また、Gallagher and Varga（2015）は、自閉
症スペクトラム障害全体にみられる興奮回帰性（求心性と自己受容性）感覚
フィードバックパターンの混乱に関する証拠の増加を踏まえるならば、身体
に埋め込まれた相互作用アプローチが有望であること、自閉症スペクトラム
障害は、多様な範囲にわたる複数プロセスのカスケード化された障害と関係
していると解されることを論じている。

　3つ目は、ディ=トーレらの小論である（Di Tore et al. 2017）。ディ=トー
レらは、他の研究者たちの先行研究を織り交ぜながら、共感という概念（用
語）に関して、知覚＝行為のプロセスや共有された表象という考え、行為と
表象の同型性という考え、共感や意図理解の基盤に筋運動感覚があるという
考えを論じている。そして、自閉症における共感の機能不全の背景には、共
感というメカニズムの2側面として想定し得る知覚プロセス＝行為プロセス
の側面の障害と、情動の自己調節のメタ認知の側面の障害があると思える、
ということを論じている。

　以上のように、共感することと、共感獲得する（共感してもらう）ことを
合わせたいわゆる「共感」は、他者の心の内容を推察する能力に狭く限定さ
れるものではなく、それよりももっと原初的な、他者の振る舞いや他者との
相互行為、コミュニケーションの中で感じ取ったり（感覚したり）、知覚し
たり、他者と同じ振る舞いをしたり（模倣）、既に行ったことのある振る舞
いを思い出し再現したり、以前経験した他者の振る舞いを思い出し再現した
り（延滞模倣）などする能力の発現、発達とも深くかかわっている。早期幼
児期自閉症に関する理解を深めるには、多様な研究手法を駆使して、生後5
年間に観察される各種の遂行行動の発現とその変化の軌跡やその転帰を、ま
た、それを支え駆動していると推定される諸メカニズムを丁寧に分析、記述

していくことが今日でも重要である、ということを私は再確認させられた。

参考文献

American Psychiatric Association (1980) *Diagnostic and Statistical Manual of Mental Disorders, Third Edition.* APA.

American Psychiatric Association (1987) *Diagnostic and Statistical Manual of Mental Disorders, Third Edition, Revised.* American Psychiatric Association.

American Psychiatric Association (1994) *Diagnostic and Statistical Manual of Mental Disorders, Fourth Edition.* American Psychiatric Association.

American Psychiatric Association (2000) *Diagnostic and Statistical Manual of Mental Disorders, Fourth Edition, Text Revision.* American Psychiatric Association.

American Psychiatric Association (2013) *Diagnostic and Statistical Manual of Mental Disorders, Fifth Edition.* American Psychiatric Association.

Baron-Cohen, S. (2005) The empathizing system: A revision of the 1994 model of the mindreading system. In B. Ellis B & D. Bjorklund (Eds.), *Origins of the social mind: Evolutionary psychology and child development* (pp.468–492) The Guilford Press.

Di Tore, P. A., De Giuseppe, T., & Corona, F. (2017) Autism spectrum as an empathy disorder. *Autism-Open Access*, 6, 198.

Dore, J. (1979) Conversational acts and the acquisition of language. In E. Ochs & B. B. Schieffelin (Eds.), *Developmental pragmatics* (pp.339–361) Academic Press.

Gallagher, S. (2009) Two problems of intersubjectivity. *Journal of Consciousness Studies*, 16(6–7), 289–308.

Gallagher, S., & Varga, S. (2015) Conceptual issues in autism spectrum disorders. *Current Opinion in Psychiatry*, 28(2), 127–132.

Gardiner, A. H. S. (1932/1951) *The theory of speech and language* (2nd ed.) The Clarendon Press.

Grice, H. P. (1975) Logic and conversation. In P. P. Cole & J. L. Morgan (Eds.), *Syntax and semantics, vol. 3, Speech acts* (pp.41–58) Academic Press.

Hobson, R. P. (1989) On sharing experiences. *Development and psychopathology*, 1(3), 197–203.

Hobson, R. P. (1990) On acquiring knowledge about people and the capacity to pretend: response to Leslie (1987) *Psychological review*, 97(1), 114–121.

Kanner, L. (1943) Autistic disturbances of affective contact. *Nervous child*, 2(3), 217–250.

Mundy, P., & Sigman, M. (1989) The theoretical implications of joint-attention deficits in autism. *Development and psychopathology*, 1(3), 173–183.

スミス，A.(1970)『道徳情操論(上・下)』(米林富男(訳)全2巻) 未來社

ビューラー，K.(1985)『言語理論―言語の叙述機能』(脇阪豊，植木廸子，植田康成，大浜るい子，杉谷眞佐子(訳)全2巻) クロノス

ベイトソン，G.(1986)『精神の生態学』(佐伯泰樹・佐藤良明・髙橋和久(訳))思索社

ホブソン，P.(1994)「認知を越えて：自閉症の理論」(野村東助・清水康夫(監訳))，ドーソンG.(編)，『自閉症：その本態、診断および治療』(pp.21–46)日本文化科学社

マンディー，P.，シグマン，M.(1994)「自閉症児の社会的障害の本態について」(野村東助・清水康夫(監訳))，ドーソンG.(編)『自閉症：その本態、診断および治療』(pp.3–19)日本文化科学社

ミード，G.H.(1973)『精神・自我・社会』(稲葉三千男・滝沢正樹・中野収(訳))青木書店

ラター，M.，バータック，L.，＆ニューマン，S.(1978)「自閉症：認知と言語の中枢性障害」(鹿子木敏範(訳))，ラターM(編)『小児自閉症：概念，特徴，治療』(pp.140–162)文光堂

花崎皋平(1981)『生きる場の哲学―共感からの出発―』岩波書店

綿巻徹(1997)「自閉症児における共感獲得表現助詞「ね」の使用の欠如：事例研究」『発達障害研究』19(2), 48–59.

綿巻徹(1998)「言葉の使用からみた心の交流」丸野俊一・子安増生(編)，『子どもが「心」に気づくとき』(pp.143–170)ミネルヴァ書房

綿巻徹(1999)『ダウン症児の言語発達における共通性と個人差』風間書房

綿巻徹(2002)「自閉症児の語用障害」『発達』(第92号，pp.30–37)ミネルヴァ書房

綿巻徹(2003)「終助詞「ね」と人・関係思考の会話―自閉症児の会話分析と座談会の会話から―」『國文學：解釈と教材の研究』38(12), 78–85. 學燈社

ASDの言語研究は「役に立つ」か？：
サブタイピングの観点から

岩渕俊樹

　言語研究者のASDに対する関心は近年高まりをみせているが、それは
ASD研究によって言語そのもの、特に語用論についての理解を深められる
という期待から来ている部分が大きいのだろう。ASDでは大なり小なり語
用論障害がみられるといわれているため、ASD当事者の方の協力を得られ
れば、語用論上の問題に関する多様な事例の収集・分析が可能になると考え
られる。これは言語を対象とする研究者にとっては得がたい機会である。一
方で、当事者の方に協力していただく以上、自分の研究上の利益を享受する
だけでなく、何らかの形でその方々の生活に資するような研究を目指すとい
う視点も研究者には必要である。

　では、言語研究は「ASDとは何か」ということの理解や、あるいは診断
や治療といった臨床的側面に果たして貢献できるだろうか。ASDの基礎研
究は遺伝学・脳科学（神経科学）・心理学など幅広い分野にまたがってお
り、そのなかで言語研究はどちらかといえばマイナーな分野といえる。しか
しASD当事者の言語的な特徴をつぶさにみていく基礎研究の積み重ねは、
言語研究にとってだけでなく、臨床的にも意義を持ちうると筆者は考えてい
る。その貢献の仕方にはさまざまな可能性が考えられるものの、本コラムで
は後述する「ASDのサブタイピング」というテーマに焦点を絞って考察し
てみたい。

　ASDは遺伝的要因が関与する神経発達症であり、脳の発達における何ら
かの問題によって生じると考えられている。しかしMRIやPETなどで脳
の画像を撮ったり、血液検査や遺伝子検査をしたりしても、それらに基づい
てASDの診断を下すことは現時点ではできない。これらの指標をASD当

事者と定型発達者で比較した研究は数多く報告されているが、「こういう特徴がみられる人はASD診断がつく可能性が高い」という確度の高い情報は得られていないのである。しかしASDが遺伝子や脳の異常を原因とするものなら、なぜ診断に役立つ「生物学的な目印（バイオマーカー）」を見つけることがそんなにも難しいのだろうか？

　ASDのバイオマーカーが見つからない理由に対するひとつの仮説として、「実はASDという疾患は多くの異なる下位分類（サブタイプ）から成るのではないか」という指摘がある。ASDには多くのサブタイプがあり、それぞれが異なる生物学的特徴をもっているにもかかわらず、これまでの研究ではそれらを区別せずにまとめて解析してきたため、明確なマーカーが見つからなかったのではないか、というものだ（Lombardo et al. 2019, Hong et al. 2020）。ちなみに、最新のDSM-5による定義ではASDは診断上の下位分類をもたないが、ひとつ前の版であるDSM-IV-TRでは自閉性障害、アスペルガー障害、特定不能の広汎性発達障害といった下位分類があり、その上位概念として広汎性発達障害が定義されていた（本田秀夫 2014）。しかしこれらのサブタイプは、必ずしも生物学的な均質性に基づくものではなかった。近年は人工知能や機械学習の発展が著しく、大規模データから似通った特徴を持つ人々を抽出する技術が出てきているため、今後はより正確な生物学的サブタイピングが可能になるのではないかと期待がもたれている。このような「データ駆動的手法」と呼ばれる方法によって共通の生物学的基盤をもつサブタイプを峻別できれば、従来の「ASD」という括りでは分からなかったバイオマーカーを特定できる可能性がある。

　ASDの生物学的なサブタイピング研究はまだ緒に就いたばかりだが、国内外から研究報告が発信されはじめている。たとえばある研究は、脳の形態情報に基づくサブタイピングをあらかじめ行うことにより、MRIデータからの重症度予測精度が向上することを報告している（Hong et al. 2018）。反対に臨床的な表現型データに基づいて事前にサブタイピングを行うことで、従来型のASD群と対照群の比較では発見できなかった遺伝学的差異を検出できたという研究もある（Narita et al. 2020）。これらの研究が示唆するのは、大量のデータに基づく特徴からASDのサブタイプを特定でき、それが

ASD の病因や病態を理解する上で助けになりうるということである。

　翻って ASD の言語という話題に戻ると、ASD 当事者の言語にも、生物学的特徴と同様に個人間で非常に大きなばらつきがある。たとえば特異性言語障害（SLI）に似た統語障害を示す人もいれば、何も統語的な問題を示さない人もいる。語用論障害に関しても、やはりその程度や現れは人によって異なる。遺伝子や脳のような生物学的特徴と同じく、ASD には言語的な特徴に関してもサブタイプが存在するのかもしれない。じっさい、言語を含む認知機能に基づいて ASD をサブタイプに分類しようという試みはすでに少数ながら報告されている（Tager-Flusberg & Joseph 2003, Rapin et al. 2009, Silleresi et al. 2020）。

　ここからはまだ科学的なエビデンスのある話ではないが、ASD 当事者の多様な言語的特徴を捉えた大規模データを収集し、それを使って ASD のサブタイプを同定できたならば、臨床的にも役立つ可能性がある。言語は私たちの脳がもつ機能のひとつであり、また SLI や言語発達に遺伝的要因が寄与するという事実（Stromswold, 2001, Bishop, 2006）を踏まえると、言語に基づくサブタイプが生物学的に均質なサブタイプを反映するということは十分に考えられる。もし診察中の話し方の特徴などから ASD のサブタイプを特定する技術が実現されたなら、遺伝子や脳の検査と比べてはるかに安価に検査を行うことが可能になるだろう。そうしたサブタイピング技術が成熟していけば、より効率的なバイオマーカーの探索や ASD の精密医療（プレシジョン・メディシン：個人レベルで最適化された治療法を選択すること）への展開といったことにも期待がもてる。

　とはいえ言語研究がこのような実際的な利益をもたらせるようになるまでには、おそらくまだ長い道のりが必要であろう。たとえば先に ASD と語用論障害の関連について述べたが、そもそも「語用論障害」というのが具体的に何を指すかは研究者にとっても自明であるとはいえない。語用論障害を定量的に評価する検査法はまだそこまで整備されていないのが現状であり、ASD が語用論障害を伴うといっても、その実態は不明瞭である。言語に基づくデータ駆動的なサブタイピングを実現するためには、まず語用論をはじめとする言語的特徴を定量的に、評価する方法を確立していかなければなら

ない。そしてそのためには、結局のところ本書が紹介しているようなさまざまな理論、実験、コーパスなどの基礎研究の進展こそが不可欠なのである。こうした地道な基礎研究が実を結び、人々の生活を助ける日が来るのを願ってやまない。

参考文献

Bishop, D. V. (2006). What causes specific language impairment in children? *Current directions in psychological science* 15(5): 217–221.

Hong, S.-J., S. L. Valk, A. Di Martino, M. P. Milham and B. C. Bernhardt (2018). Multidimensional neuroanatomical subtyping of autism spectrum disorder. *Cerebral Cortex* 28(10): 3578–3588.

Hong, S.-J., J. T. Vogelstein, A. Gozzi, B. C. Bernhardt, B. T. Yeo, M. P. Milham and A. Di Martino (2020). Toward neurosubtypes in autism. *Biological psychiatry* 88(1): 111–128.

Lombardo, M. V., M.-C. Lai and S. Baron-Cohen (2019). Big data approaches to decomposing heterogeneity across the autism spectrum. *Molecular psychiatry* 24(10): 1435–1450.

Narita, A., M. Nagai, S. Mizuno, S. Ogishima, G. Tamiya, M. Ueki, R. Sakurai, S. Makino, T. Obara and M. Ishikuro (2020). Clustering by phenotype and genome-wide association study in autism. *Translational psychiatry* 10(1): 290.

Rapin, I., M. A. Dunn, D. A. Allen, M. C. Stevens and D. Fein (2009). Subtypes of language disorders in school-age children with autism. *Developmental neuropsychology* 34(1): 66–84.

Silleresi, S., P. Prévost, R. Zebib, F. Bonnet-Brilhault, D. Conte and L. Tuller (2020). Identifying language and cognitive profiles in children with ASD via a cluster analysis exploration: Implications for the new ICD-11. *Autism research* 13(7): 1155–1167.

Stromswold, K. (2001). The heritability of language: A review and metaanalysis of twin, adoption, and linkage studies. *Language* 77(4): 647–723.

Tager-Flusberg, H. and R. M. Joseph (2003). Identifying neurocognitive phenotypes in autism. *Philosophical transactions of the royal society of London. Series B: Biological Sciences* 358(1430): 303–314.

本田秀夫 (2014)「Autism Spectrum Disorder (自閉スペクトラム症 / 自閉症スペクトラ

ム障害）（特集DSM-5: 児童精神科領域はどう変わったのか？変わるのか？）」『児童青年精神医学とその近接領域』55(5): 518–526.

自閉スペクトラム症者の
終助詞使用についての産出実験

直江大河

　日本語の終助詞は、対人コミュニケーションにおいて重要な役割を担っている。定型発達の幼児は、1歳中頃〜2歳には終助詞を頻繁に使うようになるのに対し、自閉スペクトラム症の幼児は6歳頃になっても終助詞をほとんど使わないらしい。自閉スペクトラム症の方の終助詞問題について、以前から臨床観察は多くあり（（佐竹・小林，1987）参照）、それを支持するデータも報告されている（綿巻，1997）。しかし、これらのデータは数例の幼児の会話データを観察したもので、終助詞使用の問題を自閉スペクトラム症者一般の問題として科学的に扱うためには、もっと多くの人を対象とした実証データが必要であった。

　そこで私たちは、会話の中で使用頻度が最も高い終助詞「ね」と「よ」（Maynard, 1997）に注目し、定型発達の成人と自閉スペクトラム症の成人が同じ状況で同じ終助詞を使うのかどうかを調査することにした。言語学のいくつかの理論（神尾，1990, Maynard, 1993）によると、日本語母語話者は発話文の命題（誰がどこでどうした）の情報、たとえば「仙台では雨が降っている」のような発話内容を、話し手だけが知っているときは「よ」を、話し

表1

「よ」が自然な状況	「ね」が自然な状況
Aさんは、今仙台で雨が降っていることを知っています。	Aさんは、今仙台で雨が降っていることを知っています。
Bさんは、今仙台で雨が降っていることを知りません。	Bさんも、今仙台で雨が降っていることを知っています。
Aさん「仙台では雨がふっている（　）」	Aさん「仙台では雨がふっている（　）」

手と聞き手が両方とも知っているときは「ね」を典型的には使うという。

　私たちは表1のように、話し手（Aさん）と聞き手（Bさん）が発話内容について知っているのかどうかを変化させ、話し手（Aさん）のセリフの文末を空欄にしたテストを作った（Naoe et al., in press）。そして調査参加者の方（自閉スペクトラム症の方11名、定型発達の方14名）に、自分だったらAさんセリフをどのように発話するか、口頭で空欄を自由に埋めてもらった。

　その結果、定型発達の方は言語学の理論の通りに終助詞を使っていた。自閉スペクトラム症の方も、命題情報を話し手だけが知っているときには定型発達の方と同じように「よ」を使っていた。一方で、命題情報を話し手と聞き手が両方知っているとき、定型発達の方と比べて自閉スペクトラム症の方は「よ」を過剰に使っていた。また、自閉スペクトラム症の方は全体的に「ね」の頻度が低いことがわかった。これらの違いは統計的に有意であった。

　この調査から、自閉スペクトラム症の成人は定型発達の成人と終助詞の使い方が違うということが示された。また、自閉スペクトラム症の方は会話の中で「ね」を用いるモチベーションが低いのかもしれないということも推測できる。この違いは、自閉スペクトラム症の方の対人コミュニケーションの問題と関係があるのかもしれない。

参考文献

Maynard, S. K. (1993). *Discourse modality: Subjectivity, emotion and voice in the Japanese language*, John Benjamins Publishing.

Maynard, S. K. (1997). Japanese communication. Japanese Communication, University of Hawaii Press.

Naoe, T., Okimura, T., Iwabuchi, T., Kiyama, S., & Mkuuchi, M. (in press). Pragmatic atypicality of individuals with Autism Spectrum Disorder: Preliminary data of sentence-final particles in Japanese. In M. Koizumi (Ed.), *Issues in Japanese Psycholinguistics from Comparative Perspectives*, De Gruyter Mouton.

佐竹真次、小林重雄 (1987)「自閉症児における語用論的伝達機能の研究：終助詞文表現の訓練について」『特殊教育学研究』25(3): 19–30.

神尾昭雄 (1990)『情報のなわばり理論：言語の機能的分析』大修館書店

綿巻徹（1997）「自閉症児における共感獲得表現助詞「ね」の使用の欠如：事例研究」
　　『発達障害研究』19(2): 48–59.

聴覚障害と心の理論の問題

高嶋由布子

　第1章でも述べられているように、自閉スペクトラム障害（ASD）は、心の理論の障害と関連があるとされている。他者の心を推察する能力の障害が、コミュニケーション（言語使用場面）の障害を引き起こすということである。一方で、心の理論は、言語依存的に発達する能力であるという説がある。定型発達児は4〜6歳で一次誤信念課題を通過するが、高機能自閉症児は、それよりも高い言語運用段階に到達すると、この課題を通過できるという（Happé, 1995）。

　言語と心の理論の関係は、聴覚障害でも問題となる。先天的な重度聴覚障害は、特別な介入がなければ言語発達遅滞を引き起こす（World Health Organization, 2021）。言語発達の遅れは、聴覚障害に伴う二次的な障害である。また、聴覚障害児は心の理論の発達の遅れも示す。日本の定型発達児は、一次誤信念課題を5, 6歳で通過するが、日本全国で2010年頃に行われた聴覚障害児を対象とした大規模調査では、10歳で6割の通過率であった（Fujino et al. 2017）。この調査では、明らかに自閉症との重複障害を有する児は調査対象から除外されているため、言語発達、とくに複文理解との相関関係が指摘された。また、発達障害を併せ有する聴覚障害児は多く、2020年の全国聴覚特別支援学校調査では、2〜5歳児で教員から見て発達障害の疑いがある児は24.1%と報告されている（菅原・廣田, 2020）。日本全国で、通常の学級に在籍する発達障害の疑いのある子どもは6.5%であり（文部科学省, 2012）、3〜4倍の割合である。これは、聞こえないことそのものからの二次障害か、聞こえないために言語環境が乏しくなることからくる三次障害にあたるか、明らかになっていない。

　先天的な聴覚障害は遺伝的な要素があり、手話コミュニティ内の結婚も

158

あるため、聴覚障害児のうち1割弱が親も聴覚障害を有し、手話を使う「ろう者」だといわれている（Mitchell & Karchmer, 2004）。ろう者を親にもつ子は、生まれたときから手話言語環境にあり、手話を母語として獲得するため、定型発達相当で手話の言語発達過程を経ることが確かめられてきた（Newport & Meier, 1985）。また、手話が十全な言語であることは半世紀にわたり証明されてきた（Sandler & Lillo-Martin, 2006）。しかし、9割以上の聴覚障害児は手話を知る機会が乏しい聞こえる親をもつため、現在まで聴覚障害児教育に手話を導入するコストを払うメリットは自明視されていない。

　そうしたなか、Schick らは、手話を母語として育つ聴覚障害児の心の理論の発達は、就学準備期までは定型発達相当であることを示した（Schick et al. 2007）。彼らは、聴覚障害児のうち、親がろう者で手話を使う、親が聴者（聞こえる人）で手話を使う、音声言語のみを使う、の3群の一次誤信念課題の成績を調べ、親が手話を使うろう者である聴覚障害児は、聴者の定型発達児と差がないことを明らかにした。一方、Meristo らは、より高次な二次誤信念課題を含む心の理論の調査をイタリアとエストニアで実施し、周囲の人が手話を使う環境で育つろう児と、親がろう者であっても普通校で育つろう児を比べ、後者で心の理論の発達が遅れることを指摘した（Meristo et al. 2007）。これらのことから、心の理論は、言語環境によって支えられ、コミュニケーションの経験によって発達するものだと考えることができる。

　現代日本の聴覚障害児は、音声日本語や日本手話、キューサインや手指単語を交えた日本語コミュニケーションなど、さまざまなコミュニケーション・モードを用いて教育されている（文部科学省，2020）。言語発達の遅れや、検査者とのコミュニケーション・モードの不一致から、言語に依存した検査の実施も難しく、重複障害としての発達障害の診断は遅れる傾向にあると予想される。コミュニケーション・モードに依らず、その子に合ったアセスメント方法を見いだすのもこれからの課題といえるだろう。

参考文献

Fujino, H., K. Fukushima and A. Fujiyoshi (2017). "Theory of mind and language development in Japanese children with hearing loss." *International Journal of Pediatric Otorhinolaryngology* 96: 77–83.

Happé, F. G. (1995). "The role of age and verbal ability in the theory of mind task performance of subjects with autism." *Child development* 66(3): 843–855.

Meristo, M., K. W. Falkman, E. Hjelmquist, M. Tedoldi, L. Surian and M. Siegal (2007). "Language access and theory of mind reasoning: evidence from deaf children in bilingual and oralist environments." *Developmental psychology* 43(5): 1156.

Mitchell, R. E. and M. Karchmer (2004). "Chasing the mythical ten percent: Parental hearing status of deaf and hard of hearing students in the United States." *Sign language studies* 4(2): 138–163.

Newport, E. L. and R. P. Meier (1985). The acquisition of American Sign Language. The crosslinguistic study of language acquisition, Vol. 1: The data; Vol. 2: *Theoretical issues*. Hillsdale, NJ, US, Lawrence Erlbaum Associates, Inc: 881–938.

Sandler, W. and D. Lillo-Martin (2006). *Sign language and linguistic universals*, Cambridge University Press.

Schick, B., P. De Villiers, J. De Villiers and R. Hoffmeister (2007). "Language and theory of mind: A study of deaf children." *Child development* 78(2): 376–396.

World Health Organization (2021). *World report on hearing*.

菅原充範・廣田栄子 (2020)「聴覚障害幼児の言語発達に関する横断的検討：特別支援学校(聴覚障害)全国調査」『*Audiology Japan*』63: 130–139. 日本聴覚医学会

文部科学省 (2020)『聴覚障害教育の手引―言語に関する指導の充実を目指して』シアーズ教育新社(https://www.mext.go.jp/content/20230228-mxt_tokubetu01-000027851_01.pdf)

文部科学省初等中等教育局特別支援教育課 (2012)「通常の学級に在籍する発達障害の可能性のある特別な教育的支援を必要とする児童生徒に関する調査結果について」https://www.mext.go.jp/a_menu/shotou/tokubetu/material/__icsFiles/afieldfile/2012/12/10/1328729_01.pdf.

自閉スペクトラム症者の
会話コーパスについて

鈴木あすみ

　言語コミュニケーションでは、発言の状況・話し相手との関係・社会的慣習・世界知識といった文脈に応じて、話し手の意図など「言外の意味」を柔軟に解釈する必要がある（Sperber, 1996）。しかし、ASD者は話し相手の意図を掴めない、冗談が分からないなど日常的なコミュニケーションに支障をきたすことがあり、これは語用論障害とよばれている（Bartak et al. 1975, Pijnacker et al., 2009）。社会生活で言葉のやりとりの占めるウエイトは大きく、言語運用上の困難は生活の質に大きな影響を及ぼしうる。語用論障害は学校や職場での対人関係にも影響し（White et al., 2007）、抑うつなどの二次障害につながる。適切な支援方法の開発には、大規模な「コーパス」を用いてASDの言語運用の実態を把握する研究が有用である。

　コーパスは、人々が実際に話したり書いたりした言葉の大量デジタルデータのことで、ビッグデータの集積と分析が可能になった今、大きなインパクトをもつ研究が期待されている。ASD研究においても、言語学・医学の基礎研究や医療への応用として、コーパスによる分析が重要視されてきた。国外では主にASD児を対象として複数のコーパスが構築され、話し言葉コーパス集約プロジェクトのTalkBankの一部であるASDBank[1]で公開されている。また、成人ASD者を対象とした研究例としては、複数ジャンルのテキストに品詞の種類や文法情報、眼球運動データを付与したコーパスも構築されている（Yaneva et al., 2016）。このコーパスの分析からは、ASD者はTD者に比べて視線固定（fixations）と読み戻り（revisits）の回数が多く、

1　https://asd.talkbank.org/access/

長い単語の注視時間が長いことが示された。このように1つのテキストデータに対して様々な情報を付与し、多角的・定量的に言語運用を分析できるのがコーパス研究の強みである。

国内ではインタビューや会話タスクからコーパスを構築してASDの言語解析および言語セラピーへの適用を目指す取り組み（Kato, 2021）や、ASDの診断補助ツールであるADOSの映像記録の一部から構築したコーパスに基づき自動で重症度を評価するツールの作成が行われている（﨑下ら2019）。しかし、これらの日本語ASDコーパスはいずれも公開に至っていない。公開コーパスは、AIの学習データとしての研究活用も含んだ医療への適用など、様々な研究領域のインフラストラクチャーとして高い価値をもつと期待できる。日本語語用論研究に裏付けられた診断ツールや支援方法の開発のためにも、日本語ASD者の公開コーパスの開発が待たれる。

参考文献

Bartak, L., M. Rutter and A. Cox (1975). "A comparative study of infantile autism and specific developmental receptive language disorder: I. The children." *The British Journal of Psychiatry* 126(2): 127–145.

Kato, S. (2021). "The cognitive and linguistic reasoning process of the speaker's choice of modal expressions." *Japanese Mood and Modality in Systemic Functional Linguistics: Theory and Application*: 133.

Pijnacker, J., P. Hagoort, J. Buitelaar, J.-P. Teunisse and B. Geurts (2009). "Pragmatic inferences in high-functioning adults with autism and Asperger syndrome." *Journal of autism and developmental disorders* 39(4): 607–618.

Sperber, D., D. Wilson (1996). Relevance: Communication and Cognition. New Jersey, Wiley-Blackwell.

White, W., S., K. Keonig and L. Scahill (2007). "Social skills development in children with autism spectrum disorders: A review of the intervention research." *Journal of autism and developmental disorders* 37(10): 1858–1868.

Yaneva, V., I. Temnikova and R. Mitkov (2016). A corpus of text data and gaze fixations from autistic and non-autistic adults. *Proceedings of the Tenth International Conference on Language Resources and Evaluation* (LREC'16).

﨑下雅仁、小川ちひろ、土屋賢治、岩渕俊樹、岸本泰士郎、狩野芳伸 (2019)「自閉ス

ペクトラム症の発話者コーパス作成と自動診断支援システム構築」『言語処理学会年次大会発表論文集』25.

執筆者紹介（＊は編者）

幕内充＊（まくうちみちる）
国立障害者リハビリテーションセンター研究所　脳機能系障害研究部高次脳機能
障害研究室室長
『音声コミュニケーションと障がい者』(共著　2021　コロナ社)

和田真（わだまこと）
国立障害者リハビリテーションセンター研究所　脳機能系障害研究部発達障害研
究室室長
『「過敏さ・繊細さ」解体新書』（共著　2021　ジャパンマシニスト社）

ルイージ・リッツィ（Luigi Rizzi）
コレージュ・ドゥ・フランス教授
Comparative Syntax and Language Acquisition (2000 Routledge)

木山幸子（きやまさちこ）
東北大学大学院文学研究科准教授
『心理学の杜7：学習・言語心理学』(共著　2022　サイエンス社)

遠藤喜雄（えんどうよしお）
神田外語大学大学院言語科学研究科教授
『カートグラフィー』（共著　2020　開拓社）

綿巻徹（わたまきとおる）
鎮西学院大学現代社会学部教授
『日本語マッカーサー乳幼児言語発達質問紙の開発と研究』（共著　2016　ナカニ
シヤ出版）

岩渕俊樹（いわぶちとしき）
浜松医科大学子どものこころの発達研究センター特任講師
Neural architecture of human language: Hierarchical structure building is independent
from working memory. (共著　2019　*Neuropsychologia* 132)

直江大河（なおえたいが）
昭和大学発達障害医療研究所助教
「日本語母語話者の日常会話における終助詞「よ」「ね」の使用と自閉傾向の関係
—日本語日常会話コーパスを用いた検討—」（共著　2021　『社会言語科学会第46
回研究大会発表論文集』）

高嶋由布子（たかしまゆふこ）
国立障害者リハビリテーションセンター研究所　障害福祉研究部流動研究員
「ろう・難聴児の就学前教育と支援の現状と課題—社会性の発達に着目した"特別
支援保育"のあり方の検討—」（共著　2023『乳幼児教育・保育者養成研究 第3号』）

鈴木あすみ（すずきあすみ）
国立障害者リハビリテーションセンター研究所　脳機能系障害研究部流動研究員
「日本語母語話者の日常会話における終助詞「よ」「ね」の使用と自閉傾向の関係
—日本語日常会話コーパスを用いた検討—」（共著　2021　『社会言語科学会第46
回研究大会発表論文集』）

自閉スペクトラム症と言語

Autism Spectrum Disorder and Language

Edited by Makuuchi Michiru

発行	2023 年 10 月 30 日　初版 1 刷
定価	2000 円＋税
編者	© 幕内充
発行者	松本功
組版所	株式会社 ディ・トランスポート
印刷・製本所	株式会社 シナノ
発行所	株式会社 ひつじ書房
	〒 112-0011 東京都文京区千石 2-1-2　大和ビル 2 階
	Tel.03-5319-4916　Fax.03-5319-4917
	郵便振替 00120-8-142852
	toiawase@hituzi.co.jp　　https://www.hituzi.co.jp/

ISBN978-4-8234-1157-1